绿色宜居村镇基础设施建设标准与技术体系

尹 波 李晓萍 杨彩霞 主 编

中国建筑工业出版社

图书在版编目（CIP）数据

绿色宜居村镇基础设施建设标准与技术体系 / 尹波，李晓萍，杨彩霞主编. —北京：中国建筑工业出版社，2023.3

ISBN 978-7-112-28449-8

Ⅰ. ①绿… Ⅱ. ①尹… ②李… ③杨… Ⅲ. ①农村-基础设施建设-研究-中国 Ⅳ. ①F323

中国国家版本馆CIP数据核字（2023）第039038号

责任编辑：张幼平　费海玲
责任校对：张辰双

绿色宜居村镇基础设施建设标准与技术体系
尹　波　李晓萍　杨彩霞　主　编

*

中国建筑工业出版社出版、发行（北京海淀三里河路9号）
各地新华书店、建筑书店经销
北京鸿文瀚海文化传媒有限公司制版
北京圣夫亚美印刷有限公司印刷

*

开本：787毫米×1092毫米　1/16　印张：$15\frac{3}{4}$　字数：196千字
2023年4月第一版　　2023年4月第一次印刷
定价：**68.00**元
ISBN 978-7-112-28449-8
（40829）

版权所有　翻印必究
如有印装质量问题，可寄本社图书出版中心退换
（邮政编码 100037）

绿色宜居村镇基础设施建设标准与技术体系

主　编：

　　尹　波　李晓萍　杨彩霞

副主编：

　　张成昱　李　婕　温　禾　尚春静

参编人员：

　　张　伟　李以通　魏　兴　邝　雄　成雄蕾
　　王雪莉　孙雅辉　陈　晨　焦　燕　吴春玲
　　陈乐端　王　娜　高秀秀　赵国强　王亚文
　　贾丹娜　付　饶　程雪皎　王雯翡　郑　丹
　　丁宏研　苏永亮　魏慧娇　冯国勇　李　阳
　　林丽霞　董妍博　杨忠治　张泽雨　高永建
　　田洪政　刘宏华　朱　昊　赵莉莉

编　著：

　　中国建筑科学研究院有限公司
　　国家建筑工程技术研究中心

前　言

2022年10月，习近平总书记在中国共产党第二十次全国代表大会上指出：全面推进乡村振兴，全面建设社会主义现代化国家，最艰巨最繁重的任务仍然在农村。统筹乡村基础设施和公共服务布局，建设宜居宜业和美乡村。近年来，中共中央、国务院高度重视村镇建设工作，《关于推动城乡建设绿色发展的意见》提出推进城乡建设一体化发展，打造绿色生态宜居的美丽乡村；统筹布局县城、中心镇、行政村基础设施和公共服务设施，促进城乡设施联动发展。基础设施建设是经济社会发展的重要支撑，在我国具有特别突出的重要性，但目前我国各地区的基础设施建设平衡性较差，许多农村的基础设施建设领域问题较多且比较突出。绿色宜居村镇基础设施建设标准与技术体系有助于解决我国各地区基础设施建设不平衡、技术体系不完善等问题，更好地支撑乡村振兴战略。

本书首先总结了日本、韩国、欧盟等国外发达国家村镇基础设施的建设经验，系统梳理了国内村镇基础设施建设现状及存在的问题。其次，基于开放共享理念，从生活性基础设施和社会服务性基础设施两方面，提出了层级清晰、要素明确的绿色宜居村镇基础设施建设标准和配置指标清单。再次，根据区域水资源分布和用水特征因地因时制宜地选择雨污水处理技术和再生水回用去向，构建四个分区的基于供排水一体化的水资源循环利用技术体系；制定覆盖多清洁能源类型、统筹能源集中开发与分散利用的"从源到端"的村镇能源利用策略，建立与清洁能源开发潜力、经济发展态势、村民用能需求等村镇基底条件相匹配的能源基础设施建设建议，并提出基于能源清洁高效利用的村镇节能减排技术体系。再其次，依据基础设施属性及多样化建养需求，提出内源性资金如本村富裕户、专业合作社等和外在资金包括众筹、体彩公益等潜在融资渠道，构建不同类型村镇基础设施投融资创新机制和建设模式。最后，将绿色宜居村镇基础设施建设标准与技术体系在我国浙江、海南、陕西、宁夏等农村地区的示范应用情况进行了介绍，从技术指引和资金保障两方面支撑绿色宜居村镇基础设施建设，改善村镇人居环境。

本书出版受中国建筑科学研究院有限公司承担的国家重点研发计划课题"绿色宜居村镇基础设施配建技术体系研究"（2018YFD1100204）资助，特此鸣谢。

目 录

第1章 发展背景 ·············· 1

    1.1 村镇建设与发展历程 ·············· 1

    1.2 绿色宜居村镇建设内涵 ·············· 4

    1.3 绿色宜居村镇基础设施建设与提升需求 ·············· 5

第2章 国内外村镇基础设施建设现状 ·············· 7

    2.1 国内村镇基础设施建设现状 ·············· 7

    2.2 国外村镇基础设施建设现状 ·············· 25

    2.3 我国村镇基础设施建设存在的问题和国外经验借鉴 ·············· 33

第3章 绿色宜居村镇基础设施配建标准 ·············· 37

    3.1 绿色宜居村镇基础设施的界定 ·············· 37

    3.2 绿色宜居村镇基础设施建设关键影响因素 ·············· 45

    3.3 绿色宜居村镇基础设施建设体系 ·············· 66

第4章 绿色宜居村镇能源基础设施技术体系 ·············· 86

    4.1 村镇能源基础设施建设现状 ·············· 86

    4.2 村镇清洁能源分布和划分 ·············· 96

    4.3 村镇节能减排技术适应性评价体系 ·············· 107

    4.4 基于能源清洁高效利用的村镇节能减排技术体系 ·············· 120

第5章 绿色宜居村镇水资源基础设施技术体系 ················ 123

5.1 村镇水资源基础设施建设现状 ························· 123

5.2 村镇供排水技术及适用性分析 ························· 129

5.3 村镇水资源循环利用技术体系 ························· 139

第6章 基础设施投融资创新机制和建设模式 ················ 157

6.1 农村基础设施属性 ································· 157

6.2 基础设施利益相关者及投资意愿分析 ··················· 161

6.3 基础设施投融资利益相关者的作用机理研究 ············· 166

6.4 基础设施投融资机制创新和建设模式 ··················· 193

第7章 技术应用案例 ··································· 211

7.1 陕西省农村基础设施配建指标体系应用案例 ············· 211

7.2 宁夏回族自治区农村屋顶分布式光伏应用案例 ··········· 218

7.3 浙江省农村污水处理设施技术应用案例 ················· 224

7.4 海南省农村营利性设施与产业融合反哺非营利设施模式 ··· 226

7.5 海南省农村营利性基础设施新型投融资建设模式 ········· 229

7.6 江西省农村古建活化利用的区域整体开发模式 ··········· 232

参考文献 ·· 240

第1章 发展背景

1.1 村镇建设与发展历程

在乡村振兴战略、美丽乡村建设等一系列强农惠农举措下，我国村镇经济社会发展取得长足进步。一是脱贫攻坚战取得全面胜利。到2020年底，9899万农村贫困人口全部脱贫，832个贫困县全部摘帽，12.8万个贫困村全部出列，历史性消除绝对贫困[1]。二是经济收入水平大幅提高。2021年全国农村居民人均可支配收入增至18931元，相比于2017年，实现年均实际增长6.6%[2]。三是乡村面貌明显改善。截至2021年底，全国农村卫生厕所普及率超过70%，生活垃圾收运处理的自然村比例保持在90%以上，生活污水乱排现象基本得到管控，绿化美化村庄14万个，95%以上的村庄开展了清洁行动，脏乱差局面得到扭转，农村面貌焕然一新。四是城乡基础设施和公共服务提标扩面。农村道路、供水、电网等基础设施提档升级，有条件的建制村全部通硬化路、通客车，截至2021年底，农村自来水普及率达到84%，集中式供水人口比例达到89%；农村社会综合服务设施覆盖率比2017年提高40多个百分点；有卫生院的乡镇占全国乡镇总数超过90%，敬老院超过1.7万家，互助型社区养老服务设施达到13万多个，乡镇基本实现了病有所医、老有所养。

我国村镇建设的历史脉络，经历了改革、建设、振兴[3]三个阶段，形成了具有中国特色、体现中国风格的乡村发展理论和实践模式[4]（图1.1-1）。

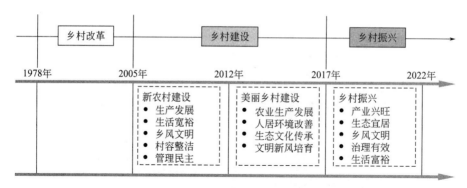

图 1.1-1　村镇建设发展历程（1978年至今）

改革开放以来，改善农村状况一直是党和国家制定政策的重心所在。特别是进入21世纪后，在解决温饱的基础上，党中央基于国际发展经验和国内发展形势研判，中国总体上已进入以工促农、以城带乡的发展阶段，初步具备加大力度解决"三农"问题的能力和条件。《国民经济和社会发展第十一个五年规划纲要》提出"实行工业反哺农业、城市支持农村，推进社会主义新农村建设，促进城镇化健康发展"。自此，以"生产发展、生活宽裕、乡风文明、村容整洁、管理民主"为主要内容的"社会主义新农村建设"拉开序幕。全国各省市按照社会主义新农村"发展现代农业、增加农民收入、改善农村面貌、培养新型农民、增加农业和农村投入、深化农村改革"六个方面的建设要求，大力建设兼具民族、地域特色并符合节约型社会要求的"新房舍"，进一步改善农村生产、生活基础的"新设施"。在此基础上，彰显新时代特征的生态、生活、环境卫生处理能力的"新环境"得到提升（图1.1-2）。

党的十八大标志着中国特色社会主义进入新时代。农业部于2013年启动了"美丽乡村"创建活动，发布《"美丽乡村"创建试点乡村名单的通知》，以促进农业生产发展、人居环境改善、生态文化传承、文明新风培育为目标，在全国不同类型地区建设1100个天蓝、地绿、水

图 1.1-2　上海黄桥村（2010 年全国特色村）

净、安居、乐业、增收的"美丽乡村"试点。2014年2月农业部正式发布美丽乡村建设十大模式，分别为产业发展型、生态保护型、城郊集约型、社会综治型、文化传承型、渔业开发型、草原牧场型、环境整治型、休闲旅游型、高效农业型，为我国不同区域、不同环境背景下的乡村发展提供范本和示范。通过美丽乡村的建设探索与实践，我国形成了一批各具特色的乡村发展典型模式，积累了丰富的经验和范例（图1.1-3）。

图 1.1-3　江苏永联村全国"美丽乡村"首批创建试点（产业发展型）

党的十九大报告提出了以"产业兴旺、生态宜居、乡风文明、治理有效、生活富裕"为目标的乡村振兴战略，进一步针对我国农村的资源优化、品质提升、社会经济发展等各方面提出全新目标和要求。2017年11月，习近平总书记提出在乡村实行"厕所革命"，把"厕所革命"作为乡村振兴战略中提升农村群众生活质量、补齐农村群众生活品质短板的一项重要举措。2021年6月《中华人民共和国乡村振兴促进法》施行，与党中央一号文件、乡村振兴战略规划、《中国共产党农村工作条例》等共同构成了乡村振兴战略的"四梁八柱"，为全面实施乡村振兴战略提供有力法治保障。发展至今，乡村振兴战略取得了骄人的成绩，现行标准下农村贫困人口全部脱贫，消除了绝对贫困和区域性整体贫困；农村人居环境明显改善，社会保持和谐稳定；农村基础设施日益完善，公共服务水平大幅提升。

1.2 绿色宜居村镇建设内涵

"绿色"理念源于保护全球环境、应对环境恶化的"绿色运动"，强调人与环境协调发展，如今已渗透到人类社会发展的方方面面，以"节约资源、保护环境、减少污染，有益于人类健康和经济文化"为内涵，致力于实现资源、环境、社会、经济的可持续发展。"宜居"概念始于西方城市发展后工业化时期人们对适宜居住程度的综合判断与反思。发展至今，"宜居"越来越多地体现在对居住环境综合质量的考量上，强调经济、社会、文化、环境的协调发展，满足人们的物质需求和精神需求，适宜工作、生活和居住。

我国村镇建设践行"绿色""宜居"理念，离不开政策的推动以及技术的更新与普及。

在政策导向方面，《关于推动城乡建设绿色发展的意见》（中办发〔2021〕37号）提出了乡村是绿色发展的生态基底，是消除和平衡城市碳足迹和碳排放生态屏障的关键，对绿色生态宜居美丽乡村建设做出了系统部署，引领村镇建设绿色化、宜居化、生态化发展。《关于开展美丽宜居村庄创建示范工作的通知》（农办社〔2022〕11号）将美丽宜居村庄创建示范活动作为实施乡村建设行动、全面推进乡村振兴的重要载体，提出美丽宜居村庄的创建示范标准，推动全国各地美丽宜居村庄的建设进程。

在技术研究方面，研究学者对于"绿色"和"宜居"进行了大量理论研究，将"绿色宜居村镇"理解为：立足于人与自然的和谐发展，致力于推动资源集约利用、产业创新融合、生态环境友好、社会文明和谐、信息高效通达，实现经济、社会、环境全面持续发展的现代村镇[5]。研究人员围绕"绿色宜居村镇"，开展了产业融合模式、规划建筑评价体系、基础设施配建、住宅建造技术等不同维度的村镇建设技术研究工作，提出了践行"绿色""宜居"理念所需的现代技术基础，总结提出了资源节约、环境友好、配套设施健全、公共服务完善等"绿色宜居村镇"的内涵特点。

综上，绿色宜居村镇建设核心是宜居，特征是绿色、低碳、可持续，是一项涉及乡村风貌、人居环境、公共基础设施、基本公共服务、精神文明等建设内容的系统工程。

1.3 绿色宜居村镇基础设施建设与提升需求

经过多年的乡村改革、建设与振兴发展，我国已全面建成小康社会，乡村人居环境持续改善，住房水平显著提高，基本公共服务体系不断健全。立足新发展阶段，把握乡村振兴发展新态势、新趋势，推动村镇建设绿色、宜居、低碳、可持续发展，《乡村振兴战略规划（2018—2022年）》《"十四五"推进农业农村现代化规划》《数字乡村发展行动计划（2022—2025年）》等重要文件提出了城乡基础设施互联互通、新时代农村基础设施提档升级,向数字化、智能化发展的着力方向。

在此背景下,结合我国村镇基础设施发展现状,提出绿色宜居村镇基础设施的建设需求:

(1)以"融合发展、城乡互通"为抓手的完备性建设需求

统筹城乡基础设施资源,将村镇基础设施与城市新基建统筹规划,打造城乡一体化的新型基础设施体系,便于城乡之间、农村之间互联互通,形成共建共享的城乡融合发展新格局,以一盘棋的思维推动城乡基础设施建设联动,补齐村镇基础设施短板。

(2)以"科技赋能、数字改造"为支撑的提档升级需求

新一轮科技革命和数字文明深入发展,乡村建设数字化转型正在推进,具有"文化味、生活化、科技范"的数字乡村建设不断深入,常规基础设施信息化融合程度不足,村镇信息基础设施亟待优化升级,传统基础设施数字化改造成为村镇基础设施建设的重要任务。

(3)以"绿色低碳、资源节约"为视角的低碳发展需求

为落实碳达峰、碳中和战略目标,我国对清洁能源的发展高度重视,北方地区农村冬季取暖的痛点亟须解决,绿色能源乡村迎来发展曙光。契合未来净零碳、零碳的乡村发展方向,以分布式光伏等可再生能源在村镇地区的应用为着力点,布局谋划村镇基础设施,谋求绿色宜居村镇基础设施可持续发展。

(4)以"长效多元、高效持续"为导向的监督管理建设需求

基础设施具有公共特征,针对村镇基础设施外部性和排他性的差异,以及村镇基础设施建设存在的投入资金规模大、建设周期长、低收益或无收益等问题,亟须建立政府组织、政策扶持、社会力量与村镇居民共同参与的长效监管机制,明确责任主体,区分管护形式,提高基础设施建设运营效果。

第2章 国内外村镇基础设施建设现状

2.1 国内村镇基础设施建设现状

2.1.1 村镇基础设施建设演变

我国基础设施建设总体上呈现"城市–乡镇–农村"逐级递减的特点，长期以来，农村地区基础设施在建设规模、设施质量、运维管理水平上都存在明显不足。经过新农村建设、美丽乡村建设、改善农村人居环境建设、农村生活垃圾治理，及党的十九大后的乡村振兴战略，村镇基础设施在供水供电、道路交通、能源通信、教育医疗卫生等生活和服务设施建设上取得了较大成就。

根据《中国城乡建设统计年鉴》以及全国农业普查数据统计，2006~2021年间，我国村镇各项基础设施普及程度有了显著提升（图2.1-1）。其中，公路交通与电力设施达到了99%以上的普及率，表明我国村镇已基本解决了通路与通电问题。

与村镇居民生活密切相关的集中供水、生活垃圾处理、生活污水处理、卫生厕所改造、邮电、通信等各项指标也进步明显（图2.1-2~图2.1-4）。2021年底，全国实现集中供水的建制村比例达到83.64%，比2010年提高31.34%；生活垃圾处理的普及率在村落与乡镇的涨幅均超过了60%，生活污水处理的普及率在村落与乡镇的涨幅也达到了20%以上，将来仍有较大补缺提升的空间。

村镇地区燃气供应水平近几年发展较快。农村供气有燃气管道、

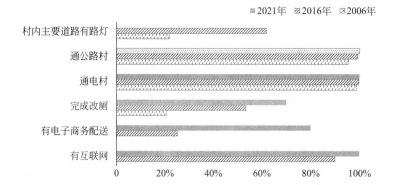

图 2.1-1　全国村镇主要基础设施普及率

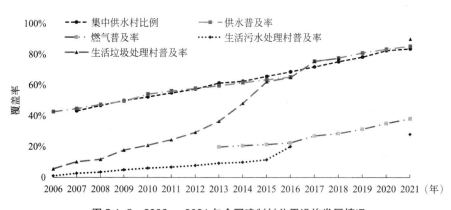

图 2.1-2　2006～2021 年全国建制村公用设施发展情况

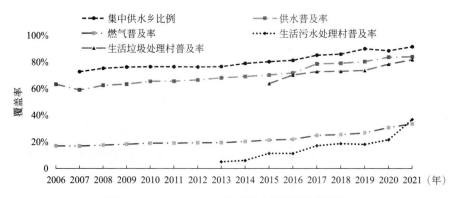

图 2.1-3　2006～2021 年全国乡公用设施发展情况

第2章 国内外村镇基础设施建设现状

图 2.1-4 2006～2021 年全国建制镇公用设施发展情况

液化石油气/液化天然气/压缩天然气气化站点供气和瓶装液化气等供气方式,并以液化气为主,2018年全国液化石油气燃料消费2353万吨,其中农村居民燃料占比达到22.6%。早在2017年,为了推动北方地区冬季清洁取暖,在政府财政支持下大范围开展了北方农村地区的"煤改气"工程,由此,农村地区燃气普及率得到较快提升。根据《中国城乡建设统计年鉴》的数据,我国农村燃气普及率从2013年的19.8%增至2021年的38.2%,其中2016～2018年增长15.67%,增速较快。

为推动村镇快递服务网络发展,国家邮政局于2014年启动了"快递下乡"工程。8年来,快递服务深入农民生活,呈现出准公共服务的属性。据统计,目前,全国96.6%的乡镇已经建有快递网点,有26个省(区、市)实现了乡镇快递网点全覆盖,全国建制村快递进村比例超过80%。县、乡两级服务网络的建立,使快递进村具备了现实的基础。《快递进村三年行动方案(2020—2022年)》明确,到2022年底,符合条件的建制村基本实现"村村通快递"。与此同时,我国现有建制村已全面实现"村村通宽带",贫困地区快递难、通信难等问题得到历史性解决。

随着乡村振兴战略的提出与全面实施，国家资金向村镇领域倾斜流动，促进了村镇产业经济的壮大和新型城乡战略格局的形成，带来大规模建设配套服务设施的需求。同时，随着社会经济快速增长，农村居民对美好生活的追求日益提升，对公共服务的需求总量也不断扩大。《中国区域经济统计年鉴》数据显示，2014年我国农村居民的人均生活消费支出为1.04万元，2020年已经达到1.37万元，增长32%，其中涉及公共服务的交通通信、文教娱乐、医疗保健等增长速度均较快（图2.1-5）。可以预见，未来除了满足村镇居民在基本义务教育、农业技术、金融信贷、民政优抚等方面的需求，村镇公共服务将全面覆盖教育医疗、养老保障、市场金融、文化娱乐等各个方面，建设内容的总量和丰富程度将迎来全面的提升。

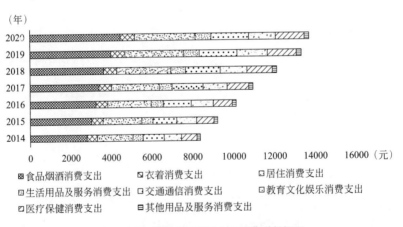

图2.1-5　我国农村居民人均消费增长概况

然而，由于城乡差距长期存在，村镇地区公共服务设施建设供给不足的问题持续存在。从全国农业普查公布的统计数据来看，2006～2016年间，我国村镇各项公共服务设施的普及程度有所提升，但涨幅并不大，还有较大提升空间。其中，村落的体育健身场所和乡镇的休闲健身广场覆盖率涨幅明显，均从10%左右上升到60%以上。与此同时，农民业余文化组织也在快速发展，可见随着经济增长，村镇居民的文化体育生活需求有了显著提升。在村落的公共服务设施里，旅游接待服务普及率最低不到5%，反映了这方面需求和意识的不足。2006~2021年全国村镇医疗卫生发展情况如表2.1-1所示，无论在村落还是乡镇，医疗卫生室和卫生机构普及率最高，超过了80%，反映了国家对村镇居民健康问题的重视，是民生刚需的体现。

2006~2021年全国村镇医疗卫生发展（每千人口） 表2.1-1

年份	2006	2008	2010	2012	2014	2016	2018	2020
农村卫生技术人员数/人	2.7	2.8	3.04	3.41	3.77	4.08	4.63	5.18
农村执业（助理）医师数/人	1.26	1.26	1.32	1.4	1.51	1.61	1.82	2.06
农村注册护士数/人	0.66	0.76	0.89	1.09	1.31	1.5	1.8	2.1
乡村医生和卫生员数/人	1.1	1.06	1.14	1.14	1.09	1.04	0.97	1.56
农村医疗卫生机构床位数/张	/	2.2	2.6	3.11	3.54	3.91	4.56	4.95
乡镇卫生院床位数/张	0.8	0.96	1.12	1.24	1.34	1.27	1.43	1.5

教育方面，幼儿园托儿所的普及率有较大幅度的提升，从2006年的30.2%提升到了2021年的90.6%，每个乡镇基本办有一所公办中心园，呈现大村独立办园、小村联合办园的格局，有效保障绝大多数幼儿享受普惠性学前教育。全国村镇中小学建设不断增强，设施水平大幅提高，办学条件获得持续改善，以校舍危房面积为例，镇区和乡村地区中小学校校舍中危房面积的比例均不断下降，其中乡村中小学下降幅度最大，2015~2018年乡村小学、初中、高中分别下降了2.32个百分点、1.95个百分点、0.75个百分点。

2.1.2 村镇基础设施建设区域差异

受经济发展水平以及地区资源条件影响，我国中东西部之间、不同区域之间村镇基础设施建设水平仍存在明显差距。对比之下，京津冀及东南沿海发达地区成绩显著，中西部地区相对具有较大提升空间。

为了解村镇基础设施建设的区域差异性，通过典型村镇实地调研，结合文献分析、宏观统计数据分析方法剖析各地区村镇基础设施发展特点。其中实地调研数据来源于项目组走访的我国不同地区代表性村镇，这些村镇在特色产业发展、历史文化保护、易地扶贫搬迁、人居环境整治、土地制度改革等方面，反映了现阶段我国村镇建设的一些典型特征。具体包括位于寒冷地区陕西省A县、河北省B县、新疆维吾尔自治区H县，夏热冬暖区的广西壮族自治区C县，夏热冬冷区江苏省苏州D区、贵州省E县和四川省G县等地区（表2.1-2），从道路交通、能源、供排水、环境卫生、邮电通信、公共服务等方面进行实地现状和需求调研。宏观统计数据主要来源于"十一五"至"十三五"的农业普查年鉴、历年城乡建设统计年鉴、中国区域经济统计年鉴、中国国土资源统计年鉴等。

实地调研区县的区域特征   表2.1-2

区县代号	所属省份	县域面积	人口数量	GDP
A县	陕西	2830 km^2	36.7万	137.9亿元
B县	河北	1381 km^2	25.1万	96.8亿元
C县	广西	2306 km^2	32.8万	112.1亿元
D区	江苏	1176 km^2	154.5万	2224.5亿元
E县	贵州	1865 km^2	37.3万	118.07亿元
G县	四川	75 km^2	2.0万	6.96亿元
H县	新疆	4211 km^2	5.7万	28.2亿元

（1）道路交通基础设施

根据《第三次全国农业普查主要数据公报（第三号）》统计数据，我国东、中、西部及东北地区村镇在火车站、码头、村内路灯、通村及村内道路建设方面存在一定差异。东北三省作为我国铁路发展最早的地区，其乡镇地区的火车站比例达到18%，显著高于其他地区。近年来，随着高铁的飞速发展及城镇化的推进，部分火车站已逐渐退出铁路交通系统，形成以城市为中心的铁路车站布局。乡镇位置决定了其码头的建设数量，东部、南部沿海地区及长江中下游地区天然的地理优势使得其乡镇码头的普及率高于内陆地区，呈现出东部地区、中部地区、西部地区、东北地区逐级递减的趋势。在路灯建设方面，受益于经济发展水平及政策推动，东部地区村镇的普及率达到85.9%，远高于其他地区（图2.1-6）。

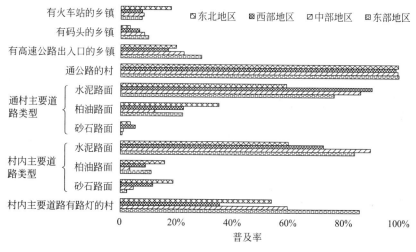

图2.1-6　乡镇、村交通设施普及率

从典型地区实地调研情况分析，各村镇道路已基本完成硬化，主要道路有水泥路面、柏油路面和砂石路面（图2.1-7），位于东部、中部和西部地区的大部分村镇建有路灯。人口规模较大、发展较好的东部地区乡村还设有村内停车场。除道路条件外，村镇公共交通的改善需求差异较大，主要受区域经济情况、村镇发展定位及政策支持力度等影响。以西部地区E县为例，近年来通过出台加快公路建设、管理养护办法以及"路长制"等系列文件，从土地、资金、人力等方面向农村公路建设倾斜，道路公共交通建设取得良好成效，该地区96%居民对此感到满意。

图 2.1-7　典型村镇道路硬化情况

(a) 四川G县　　(b) 广西C县　　(c) 贵州E县　　(d) 陕西A县　　(e) 新疆H县　　(f) 河北B县

而同属西部地区的A县和H县，近40%的村民对公共交通提出改善需求。

（2）供水排水基础设施

按华北、东北、华东、中南、西南和西北6大地理分区进行统计，从全国层面看，由东向西、由南到北，村镇供水排水基础设施完善程度呈递减趋势。就供水设施而言，华东、中南、西南地区供水管道长度显著大于华北、东北和西北地区，由此可反映出南方地区一般人口数量多、经济发达，对生产生活用水需求大，供水设施优于北方地区。就排水及污水处理设施而言，华东地区村镇排水管道长度最长，污水处理率最高，污水处理厂个数最多，污水处理能力最强，显著高于其他地区。其中浙江省于2003年组织开展"千村示范，万村整治"工程，2014年部署实施"五水共治"工作，已建设大量农村生活污水处理设施。其次为中南、西南和华北地区；东北、西北地区排水和污水处理设施建设明显落后于其他地区，污水处理率较低。这一趋势基本与供水量数据吻合（图2.1-8）。

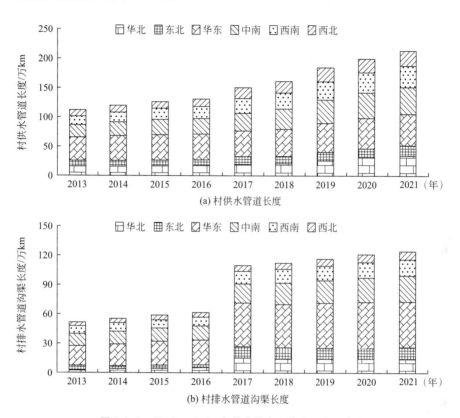

图 2.1-8　2013~2021年供水排水设施建设分区统计

从典型地区实地调研情况分析，乡村供水主要为集中供水与分散供水，集中供水包括市政管网、联村/片、单村供水三种，分散供水为自家水井与公共水井两种。

华东地区的D区市政管网供水率已达到100%，华南地区C县市政管网供水率为28.3%，63.0%联村/片供水，西北地区A县集中供水率较低，仅为47.7%，分散供水中87.2%的村民以自家水井供水。

乡村排水形式主要为明沟、暗渠、污水管网三种方式，华东地区的D区76.1%村民通过污水管网进行排水（图2.1-9a），A县和C县污水收集处理率较低，C县污水处理率仅为3.8%，生产生活污水一般不经过处理通过明沟或暗渠直接排入附近水体（图2.1-9b），村镇居民对污水处理满意度不高，希望统一集中处理生活污水。

(a) 华东地区的D区　　　　(b) 华南地区C县　　　　(c) 西北地区A县

图 2.1-9　典型地区村镇污水排放设施

（3）能源基础设施

村镇能源基础设施建设主要包括电网供电、供燃气，以及太阳能、生物质能、水电站等可再生能源利用。目前我国电力设施达到了99%以上的普及率，各村镇通电状况及燃气使用基本与需求匹配，主要在可再生能源利用方面存在较大差异。

太阳能的利用主要与村镇所处地区太阳能资源丰富程度有关。根据中国农村统计年鉴，2020年全国农村太阳灶拥有量为170.62万台，呈现出明显"西多东少"的趋势，如甘肃农村太阳灶拥有量为87.05万台，占全国农村总拥有量的51%，居全国之首；青海、西藏、陕西农村太阳灶拥有量则分别位居2～4位。在太阳能发电方面，从我国各地地理位置来看，西藏大部分地区、新疆南部以及青海、甘肃和内蒙古的西部均属于太阳能资源极丰富带，且西部地区地理面积广阔，因此西部地区集中式大型地面电站建设较多，装机容量全国领先。同时，河北、浙江、安徽、湖南等中东部地区农村光伏发电规模增长明显。而在东北地区，全年日照分布不均，夏季太阳总辐射最大、春季次之、冬季最小，太阳能在东北地区农村的开发利用还不普遍。

近年来，中央和地方政府将沼气池建设列为改善农村生产生活条件的主要内容之一，投入了大量资金和人力。2020年农村户用沼气池数量最多的地区为四川，数量为533.1万个，其次为广西，户用沼气池数量为390万个。农村沼气工程数量最多的地区为湖南，数量为2.02万个；其次为湖北，数量为0.89万个，各地区沼气池和沼气工程数量占比如图2.1-10所示。

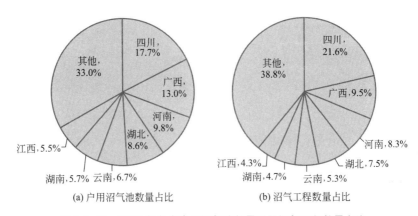

(a) 户用沼气池数量占比　　(b) 沼气工程数量占比

图2.1-10　2020年各省户用沼气池数量以及沼气工程数量占比

在农村地区，小型风电（大于1kW、小于50kW）是风力发电工程的最主要形式。截至2016年底，全国农村小型风力发电累计装机10.7万台，装机容量达到35720.38kW。小风电装机主要分布在风能资源较丰富的区域，包括内蒙古、新疆、黑龙江和山东等，其装机容量均达到1500kW以上，尤其以内蒙古最为集中，其装机容量达到25724.94kW，占全国农村小风电装机容量的72%。

水电同样是农村地区重要的基础设施，对于提供灌溉用水、控制洪水泛滥、改善河流航运具有积极的促进作用。我国农村水电站主要分布在华南、华中、华东和西南地区（图2.1-11）。云南、四川的装机容量位居全国第一、第二位。整个西部地区的装机容量占全国的一半以上，这与我国的河流流域、区域气候等自然条件密切相关。

从典型地区实地调研情况分析，村镇的能源主要应用于供电、炊

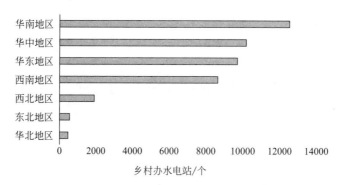

图 2.1-11 2020 年全国各区域乡村办水电站个数

事、生活热水、冬季供暖、夏季制冷等方面,不同地区生活用能方式对比如图2.1-12所示。对于炊事和生活热水,西北地区A县以薪柴为主、电为辅,华东、华北地区均以电、液化气及太阳能为主。取暖纳凉方面,寒冷地区的A县大部分居民采用火炉、火炕,夏季纳凉以自然通风和电扇为主,夏热冬冷地区的D区以空调和电扇为主,而夏热冬暖地区的C县主要以电扇和自然通风进行纳凉(图2.1-13)。

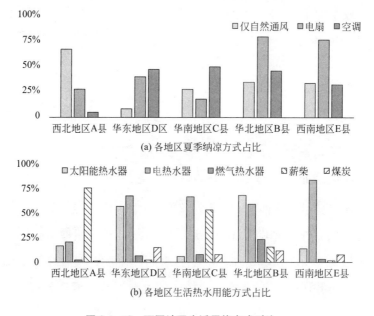

图 2.1-12 不同地区生活用能方式对比

第 2 章 国内外村镇基础设施建设现状

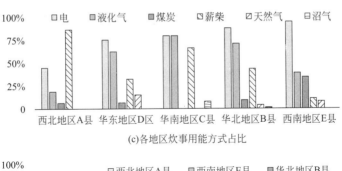

(c) 各地区炊事用能方式占比

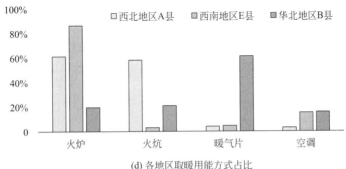

(d) 各地区取暖用能方式占比

图 2.1-12 不同地区生活用能方式对比（续）

图 2.1-13 村民薪柴堆放

除传统能源外，各地区均积极寻求可再生能源利用。2015年9月，陕西A县被确定为陕西省光伏扶贫试点县，依托当地优势资源、大力发展光伏发电产业。其中，某社区在100多户贫困户屋顶设置了300kW太阳能光伏（图2.1-14a）。江苏苏州D区某村对现有居民住宅屋顶或外墙建设光伏发电系统，接入全区光伏发电数字化管理平台（图2.1-14b）。广西C县2003年以政府出资、村民出工出力的方式为部分农村建设沼气池，但由于沼气池存在后期维护不当以及养殖户减少的原因，大部分沼气池已经弃用，仅有少数家里养牛及养猪的村民仍在使用（图2.1-14c）。

(a) 陕西A县光伏发电　　　　(b) 江苏苏州D区光伏发电　　　　(c) 广西C县沼气

图 2.1-14　典型村镇可再生能源基础设施

与此同时，京津冀地区村镇近年来着力发展清洁能源供暖。以天津市为例，从2017年以来，天津市连续四年开展秋冬季大气污染综合治理攻坚行动，对农村地区进行包含清洁取暖、煤炭消费总量控制、锅炉综合整治在内行动的能源结构调整，截至"十三五"末期，基本实现全市范围内散煤"清零"。其中，静海区某村采用空气源热泵热水集中供暖，拥有两个空气源热泵能源站，由第三方公司建设，农户可自行安装散热器和地热盘管，能够满足村民冬季供暖需求；武清区某村于2002年建设燃煤锅炉供热站1座，并于2017年改为燃气锅炉供热站，现设有2台天然气锅炉，以满足村民冬季供暖需求；滨海新区某村通过煤改气改造，村民采用燃气壁挂炉的方式进行炊事和冬季取暖（图2.1-15）。

(a) 静海区某村空气源热泵集中供暖　　(b) 武清区某村燃气锅炉集中供暖　　(c) 滨海新区某村燃气壁挂炉供暖用燃气管道

图 2.1-15　天津典型农村地区供暖设施

（4）文化、教育、卫生及社会服务

"十三五"规划实施期间，各级政府不断加大对农村地区特别是贫困地区基本公共服务领域的投入力度，各项基本公共服务的设施水平有了较大提高，初步形成了覆盖全民的国家基本公共服务体系。然而，在农村公共服务设施规模不断提高的趋势下，不同区域的文化、教育、卫生及社会服务存在一定差异，如图2.1-16所示。

在文化教育方面，乡镇幼儿园、托儿所、小学、图书馆及文化站在东北地区、西部地区、中部地区及东部地区均达到了较高的普及水平，但剧场、影剧院、体育场馆的普及率相对较低，总体呈现东部地区、中部地区、西部地区普及率逐级递减的趋势。在医疗服务方面，医疗卫生机构和执业（助理）医师在乡镇的普及率均较高，而社会福利收养性单位和敬老院普及率在东部和中部地区较高，在西部和东北地区的普及率相对较低，这与地区经济发展差异相一致。在市场建设方面，东部和中部地区有商品交易市场的乡镇覆盖率总体上比西部和东北部高约14%，而在粮油蔬菜水果交易、各类餐馆等民生必需品交易商业建设等方面差异较低。

从实地调研情况看，乡村环境卫生主要受生活垃圾、厕所两部分的影响。江苏苏州D区垃圾分类收集率达到72.3%且已实现100%的垃圾集中处理；陕西A县与广西C县约90%垃圾实现了集中处理，但垃圾分类收集率不超过2%。三个地区农村60%以上采用自建化粪池，江苏苏州D区超过1/3的村民使用集中化粪池，陕西A县还有近80%使用旱厕。垃圾处理的形式多以村集中、镇收集、县（区）处理为主。部分村庄由县提供垃圾清理工具，并为村保洁员发放工资，镇政府负责垃圾的转运。部分村庄将村内保洁工作整体交由企业管理，县或镇政府按照村内人口数对企业进行补贴，镇政府仍然负责垃圾的转运工作（图2.1-17）。

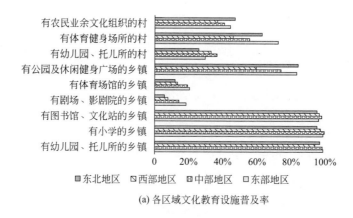

(a) 各区域文化教育设施普及率

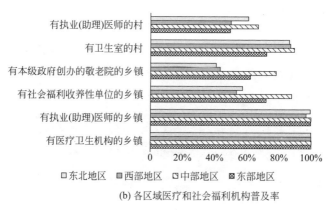

(b) 各区域医疗和社会福利机构普及率

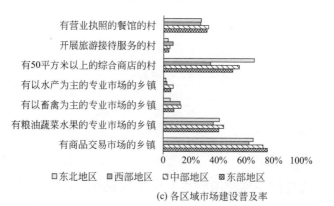

(c) 各区域市场建设普及率

图 2.1-16 村镇文化、教育、卫生及社会服务设施区域普及率

第 2 章 国内外村镇基础设施建设现状　　23

(a) 陕西A县　　　　　　　　　　(b) 贵州E县

图 2.1-17　典型村镇垃圾收集设施

乡村邮电通信基础设施包括邮政与电信两个部分。目前乡村电信业务设施配置齐全，通信信号清晰通畅，满足日常使用，村镇居民满意度均在80%以上；邮政方面，村民网上购物、信函、包裹须到镇上或是大规模村庄快递配送点自行寄取。

教育方面，乡村幼儿园、小学自2001年撤并以来，目前主要集中在镇上或是较大的乡村办学。大部分村庄并无幼儿园，小规模村内学生需到镇里上幼儿园和上小学。这种情况下，公共交通设施的完善与否，直接影响村民对教育设施的满意度。学校距离远或往返学校交通不便是居民普遍提出需要改善的方面，尤其是陕西A县、广西C县需求显著。同时，各调研村镇对进一步提高教育质量均提出了较高的期望。

农村卫生服务站的设置基本是由村委提供场地，县政府投资配置符合标准的医疗设备、发放医务人员工资，以及相应的补贴。虽然乡村医务室覆盖率较高，但只能处理日常感冒发烧、输液、小孩疫苗接种、老年人慢性疾病防控等。医疗水平、医保报销和药物取用的便利程度、前往镇或县进行就医的便利程度成为乡村居民普遍反映的需提升内容。经济发达的苏州D区建立了家庭医生，医务室会组建家庭医生签约团队，由相应的医护人员负责固定人家的健康问题，并进行日常的医护指导。医疗保险、残障补贴等居民保障业务已基本覆盖且覆盖率、参保率较高。

商业服务方面，小型便利店或超市是农村最普遍的一类商业服务设施，其基本是由村民个人投资和经营，镇或县级相关监管部门定期对商品的质量进行检查。然而，村民个体经营往往会带来商品质量欠佳、商品种类不全等问题，特别是缺乏日常生活需要的蔬菜瓜果的供应，而目前只有少数村有私人或政府管理的流动售卖车来缓解这一问题，因此需要前往镇或县大型超市或集市，进而反映出距离太远、数量不足的问题。其根本原因是本村或邻近的商业服务设施无法满足其日常生活需要。因此，镇相关管理部门与村委建立日用商品和食品的配送和监督管理机制，同时对村民需求做及时了解，是提升村民对商品服务设施满意度的关键。

文体设施方面，室内文化服务中心、室外文化活动场所和健身器材的设置基本是由村委提供场地，镇政府或县政府投资进行改造和配置相应的设施，由村委维护和使用。经济发展水平较高的地区，村委也会投入一定的资金。总体上，室内文化服务中心、室外文化活动场所、健身场地拥有率较高，部分农村村委能根据不同风俗习惯、不同的使用时间等共享场地，效果较好。

综上，我国村镇发展差距很大程度上体现为基础设施和公共服务设施建设水平的不均衡。随着时代的变化发展与乡村振兴战略的实施，各地区农村的生产和消费水平逐步向城市靠拢，在公共服务需求总量提升的同时，对服务水平质量的需求也在不断提升。未来一段时间内村镇在基础设施建设方面重点是补齐短板，在公共服务设施方面重点是全面提升服务总量和服务质量，在满足最基本保障的同时转向对更高质量、更高层次、精准化服务的需求，形成城乡一体化的社会服务模式，以匹配城镇化进程下人口流动的现实需求和村镇发展的新型战略格局。

2.2 国外村镇基础设施建设现状

2.2.1 日本

20世纪50年代，日本政府着手进行乡村人居环境整治工作。之后，随着70年代末"造村运动"的开展，日本农村经济社会快速发展，人居环境大幅改善，城乡差距基本消除。日本政府在承担主要投资责任的同时，积极吸引和鼓励社会各种力量进入村庄基础设施建设领域。通过三十年的探索，水利、电力、公共设施、村镇通信等基础服务设施均已建设完善。在乡村基础设施建设中，日本各级政府和农村主要采取以下做法（图2.2-1）：

图2.2-1　日本某乡村

① 注重紧凑空间布局、合理规划配套设施，如在可通勤范围内（通常以小学的服务半径为参考）建立核心据点，提供各类生活需求设施，或依托交通站点建立驿站作为促进流通和提供生产生活服务的场所。

② 将生态建设融入乡村基础设施建设和改造，如污水处理设施和固废处理设施均采用了先进的手段，为乡村生态建设提供有效保障。同时，制定相关的指标和目标，促进污水处理设施和固废处理设施的建设（表2.2-1）。

日本乡村污水和固废处理指标分类　　　表 2.2-1

类别		指标
污水处理设施	1	生活污水达标排放率
	2	家庭污水处理设施建设率
	3	村落排水设施建设率
固废处理设施	4	垃圾分类收集率
	5	垃圾无害化处理率

③ 基础设施建设遵循统一标准，如教育基础设施的建设按照和城市同样的规格，乡村地区的基础教育各项设施也不例外，包括图书馆、美术室、健身房、音乐室、室内运动场、操场和保健室，75%的公立学校有游泳池、柔道馆等设施。

④ 循序渐进，符合生产生活需要，如道路的建设密度大、宽度适中，节约农地，能够与当地农业生产现代化同步发展，使得农业机械顺利通过。

⑤ 充分利用当地的资源，大力推进利用可再生能源，进行风力发电、太阳能发电和生物发电；提高山区水资源开发利用率，开展小型、微型水利工程的开发与应用。

⑥ 在乡村基础设施的建设中，大量采用新技术，如通过互联网建立更为便捷的生活条件等。

具体而言，在农村生活污水治理领域，日本开创了以"净化槽"为关键设施的分散式污水处理技术，其发展经历了三个阶段：只处理粪便的单独处理净化槽、综合处理生活污水的合并处理净化槽、深度处理净化槽。目前，合并处理和深度处理净化槽技术在日本农村得到广泛普及，建立了完备的农村污水治理法律体系，并构建了涵盖政府、居民和第三方机构在内的多主体运营管理体系。

在生活垃圾处理方面，日本身为发达国家，垃圾分类制度起步较早也较为完善，垃圾分类成效较为显著。针对有害垃圾、危害较低的垃圾以及生活垃圾，采用源头分类的方式（图2.2-2），以减少垃圾排放的危害。为了减少终端部分处理的压力，减少垃圾的产出数量，日本通过回收再利用，将"垃圾"转变为"资源"，有效解决生活垃圾排放量大的问题。在这一阶段，日本提出要抑制垃圾的排放量以及推广垃圾再利用，也明确规定了生活垃圾处理费的收费原则。在循环资源阶段，日本建立了完善的垃圾回收系统，明确了回收利用的具体责任人，有效减少垃圾排放量，利用率也大幅度提高。生活垃圾有偿回收制是日本垃圾处理的成功经验之一，即居民在处理生活垃圾时需要向回收部门支付费用，具体分为计量收费制、定量免费制和定额收费制等。

图 2.2-2　日本某农村垃圾回收设施

在公共服务设施方面，乡村地区需要一定的人口密集度和人口规模来满足公共服务运作需求。为在乡村提供和城市无差别的公共服务，日本通过三次町村（"町村"为日本最底层的地方行政单位）大合并，不断提高町村平均规模。第一次合并让町村规模等于一个邻里单元，满足一个小学的服务人口；第二次合并让町村获得更高等级的公共服务；第三次大合并是为了能更好地提供村镇服务，精简行政开支。

在乡村合并、集约化、有足够的人口规模的基础上，日本政府实现了为乡村提供较高质量的公共服务的目标。以桧原村为例，其拥有标准的教育、文化、卫生、福利等设施：小学1所、中学1所、图书馆1座、体育馆2座。同时，也有许多设施是通过一室多用来提高设施利用率，例如桧原村用茶室集中设置较为全面的老年人福利设施；诊疗所（全村用）负责包含疾病预防在内的全面的居民健康管理；民宿设置村立图书馆、乡土资料馆等村级文化设施。

在交通方面，日本建立了较为完善的铁路系统。其全国铁路总长度约4.7万km，由202家服务商运营，构建起了庞大且交织严密的铁路网络。由于工业化起步较早，日本的铁路系统不仅密布于大城市，更是深入了山区乡野之中，联通起了全国的每个角落。随着城市化的发展，铁路系统大多改为通勤性质，成为游客深入乡村、小镇等具体景点的最便捷交通工具，相较于汽车来说，铁道受众面更大，更易带来大批客流。此外，日本乡村宽带与网络的普及建设，也为先进农业机械以及农业信息数据的使用奠定了基础，这种软基建对智慧农业的发展也起到了重要作用。

2.2.2 韩国

韩国在工业化的过程中一贯奉行对农业和农村的支持政策，这种政策在"新村运动"的过程中更加注重对农村基础设施的改善和农民收入增加的支持力度，成果显著。

以"新村运动"为代表的韩国农村发展始终以改造农村为核心，加强农村基础设施建设，其内容几乎涵盖了农村社会和经济发展的所有方面，包括修建乡村用水及排水系统、扩大乡村供电系统和通信网络、改建村庄、兴修田间排灌设施、支持农户发展多种经营和非农生产等。经过十多年时间的新村运动，韩国农村的基础设施发生了根本性变化：农村电气化比例提高；大多数农村开展桥梁铺设和道路修建工程，基本实现"村村通车"；从房顶改造到新房建设，地方政府不断给予支援，调动了农民的建设热情；农民把山上的水引入村里的蓄水池再接入各家各户，共建设水库24000座，平均每村0.7座，同时也广泛使用水泵来抽取地下水，农村的生态环境得到了质的改变。20世纪80年代末，"新村运动"画上了圆满的句号（图2.2-3）。

图2.2-3 韩国某农村

在低碳绿色村镇建设方面，韩国于2008年10月发表了"为绿色成长及应对气候变化的废弃物资源、生物质能源对策方案"，提出了7大重点推进课题，其中一项就是"构建600个低碳绿色乡村"。项目实施以农村为基本单元，充分利用地区所产生的废弃物资源及生物质能源，努力构建能源自足的乡村，并提出了"至2020年，努力将农村能源自给率提高40%～50%"的发展目标。韩国政府把构建低碳绿色乡村行动作为应对气候变化、能源危机的经济增长新动力正式提上日程，积极推进示范村建设，取得了一定的成效。

在标准体系建设方面，为了更好地指导低碳绿色农村的实践，韩国政府制定了相关指标及评价标准，要求能源自足率须达到乡村地域内家庭所使用的电及热能总量的40%以上（具有可利用的生物质能源的地域比率则更高）。考虑到可持续性及普及效果等，采用打分评价的方法，从乡村适宜性、能源资源化体系、推进方法等3个方面制定相应评价指标，如表2.2-2所示。

韩国低碳绿色乡村评价指标及标准　　　　表2.2-2

评价项目			赋值
总分			100
乡村适宜性（50分）	是否符合绿色乡村的分类标准（人口规模、地域特征等）		5
	可能性	生物质能利用率	15
		土地条件	5
		制度限制要素	5
		生物质能收集、运输条件	5
		能源自供能力	15
能源资源化体系（40分）	环境性	经济性	10
		恶臭、废水等二次污染源控制	5
	技术性	能源生产效率	15
		温室气体减排效率	
		安全性（成熟技术）	
	社会性	区域内社会效果（就业等）	10
		居民认可度	
推进方法（10分）	融资计划		2.5
	设施运行计划		2.5
	地方自治团体推进组织		2.5
	利益关系者参与		2.5

在绿色低碳能源发展方面，韩国根据乡村类型及地域特点，正努力寻找适合当地的、可持续的能源发展模式，最大程度利用地区所产生的可再生能源；尽可能地减少设施、运行费用等，考虑示范村的规模和可行性，积极推进试点工程，以示范村建设为基础，逐步扩大和发展低碳绿色乡村，包括提高能源自足率，提升资源节约及再利用水平，建设生态河流、生态住宅等。比如在乡村地域空间内，为了实现绿色生活、引导产业低碳发展，以村民积极参与为前提，通过减少能

源消耗和自主生产能源,从而减少温室气体排放,提升乡村能源供给能力。

从韩国乡村基础设施建设的历程,可总结出韩国村镇的基础设施建设特征:一是全民参与,从规划、建设到管理需要全民参与和推进;二是能源节约,全民通过实行低碳生活方式、提高能源利用效率等,达到节约能源的目的;三是地区直接生产能源,在乡村地域范围内利用太阳能、风能等自然资源及生物质资源生产可利用的能量,提高地区自身能源生产能力。

2.2.3 欧盟

乡村基础建设、农业发展、人居环境整治和乡土文化建设四个方面是欧盟各国乡村建设的主要内容,也是实现乡村发展的民生基础、经济基础、环境基础和文化基础。以20世纪70年代石油危机为契机,瑞典、丹麦、法国三国率先探索村镇"新出路",成功实现村镇基础设施技术升级,欧盟农村的基础设施发展、村镇用能低碳化水平走在了全球前列。

在乡村发展中,欧盟各国政府把乡村生活和工作环境的提升作为主要目标,使乡村居住环境和工作环境显著改善,减少废水、废气等污染,达到生活、生产与生态的动态平衡。欧盟大部分国家的乡村发展政策重视规划,贯彻城乡等值理念,对乡村公共产品和公共服务进行有效供给。为了保障乡村振兴的有效实施,政府大多会专门设立乡村振兴补充决策体系,组织和实施乡村振兴规划,进而形成一套完整的乡村振兴推进路径框架(图2.2-4)。

以"二战"后德国在巴伐利亚试行的"城乡等值化"建设为例,为实现"与城市生活不同类但等值"的生活,消除城乡差距,西德政府在1954年颁布了《土地整理法》,推动乡镇出台村庄更新计划,而"巴伐利亚试验"的整个过程正是在一系列的规划下开展的,包括总体

图 2.2-4 德国某农村

规划、详细规划和功能分区规划等。试点将教育、医疗、交通、文化事业、环境保护等基础设施和公共服务设施作为重点，确保城乡的均衡发展。在巴伐利亚的成功试验被称为"巴伐利亚经验"，随之成为德国农村发展的普遍模式。

如巴伐利亚州最大的乡村区域费尔堡，在供水方面，从2003年起，费尔堡政府根据联邦水保护法和巴伐利亚水法案制定了费尔堡当地的排水法规，法规中针对污水处理区域、排水设施的连接和使用权、污水处理装置的管理、地下排水系统和污水处理厂的连接要求、污水处理厂的成立要求、污水处理检测系统的建立、不同性质污水的处理程序等给出相对完善的法规条例，并根据实施过程中出现的问题于2006年和2012年对法规进行两次修改。在雨水处理方面，一是村庄社区房屋的雨水处理。一方面雨水通过屋顶雨水收集直接排放到地下管道，另一方面房屋与周围环境相结合，通过在房屋外围设置可下渗地表和种植绿色植物，使雨水渗透到地下。二是村庄道路的雨水处理。通过坡向指引和分区排放，有效处理街道雨水，防止村庄内部雨水内涝。在能源利用方面，其能源主要来自于风能和太阳能，村庄设有12个风力发电风车，并配合太阳能收集站，所产生的能源主要用于村庄房屋和街道照明、村庄供暖。根据费尔堡当地情况，由村庄议会制定相关的能源政策，决定能源税收。另外，村庄采取集中供暖，建设中心供暖站，分片区完成供暖，未涉及的区域依然采用私人供暖设备。

近年来，欧盟各国的村镇建设重点放在了环保、生态，可持续发展理念和城市规划理念相融合等方面。在基础设施的建设上尽量不破坏自然条件，同时充分考虑和满足居民的各种需求，体现"以人为本"的理念，大到银行、商店的设置，小到公厕、无障碍通道等，都在规划中有所体现。在具有共性的基础设施建设方面采用与城市统一的标准，而在具有个性的基础设施上则根据地区特点进行具体规划。如城市和小城镇之间的交通基础设施建设标准一体化、票制和费率一体化；污水处理执行三级处理的标准，并对产生的污泥进行无害化处理；垃圾处理由州政府统一规划、统一建设垃圾处理场，最终实现垃圾无害化处理。

2.3 我国村镇基础设施建设存在的问题和国外经验借鉴

现阶段我国村镇基础设施配建仍主要围绕满足村民基本生活需求功能的实现，而忽视了村镇可持续发展整体规划与建设，导致现有的建设供给与村镇发展需求之间存在矛盾，甚至造成资源、能源、经济的浪费与环境的破坏。从实地调研情况来看，我国村镇基础设施建设存在一系列问题：

① 村镇基础设施规划建设缺乏统筹。我国早期城乡二元化发展模式导致城乡发展差异大，村镇基础设施建设与地区建设需求匹配性不足。一方面未能与村镇自然环境、经济发展、文化传统等有机结合起来，如在人居环境整治行动中，有些地区强行拆除农户旱厕，却迟迟不建新厕，引发群众不满；另一方面对部分基础设施间的相互制约和影响分析不充分，存在重复建设、重复投资现象，如部分发展动力不足的村镇仍以户籍人口为基础，建设各类文化教育商业设施，导致大

量闲置和浪费。

② 村镇基础设施建设标准体系不够完善。当前我国村镇规划方面，仅有《镇规划标准》GB 50188—2007这一项以镇域规划为重点的国家标准，缺少对农村规划的指导性标准。2019年发布的国家标准《村庄整治技术标准》GB/T 50445—2019以及一些地方标准，对农村道路交通、给水排水、垃圾收集、卫生厕所、公共环境、能源供应等部分基础设施建设进行了规定，但针对服务类基础设施如教育医疗、综合服务、行政便民等基础设施建设存在指导不足。此外，一些公共教育、医疗卫生等公共服务设施配套标准仍以城镇体系规划逻辑为依据，如幼儿园的"千人指标""服务规模"等配套依据，对于一些老龄化、空心化的村庄适用性不足，已不符合农村人员分布特点及生活习惯。

③ 村镇基础设施建设技术能力有待提升。我国村镇数量大、分布广，基底条件差异性明显，部分地区基础设施建设中对区域特点和资源条件认知不足，导致技术选用盲目混乱、适用性差。比如，在西北缺水地区建设的污水处理厂、改造的水厕频频出现"弃用"现象；大部分地区的村镇能源利用仍以传统燃煤、薪柴等能源形式为主，清洁能源推广利用中存在投资运行费用高、可持续性差等问题；一些基础设施操作复杂，不符合老年人的实际使用需求。

④ 村镇基础设施长效运营机制欠缺。现阶段我国村镇基础设施建设资金主要依靠政府投入，部分基础设施无法回收成本，后期持续运行难以为继。社会资本参与基础设施建设运营的比例还处于较低水平，相关人才、技术、管理等现代化生产要素的发展活力激发不够。基础设施运营管理人才投入和技术支撑能力不足，管护机制不健全或缺失，如一些乡村道路管护责任不清晰、养护投入严重不足，已出现"油返砂"现象。

针对我国村镇基础设施建设现状和存在的问题，参考优秀案例和国外建设经验，提出以下策略，以对我国村镇基础设施的建设完善形成有益指导。

（1）以绿色、宜居为导向，完善村镇基础设施建设标准体系

由于村镇建设缺乏成熟的因地制宜的技术标准体系，各地普遍存在着供需不匹配、盲目建设、浪费资源与后期运维无法持续等现实问题，违背了可持续发展、低碳发展等绿色理念。结合地域特色推行经济适用的绿色技术，是未来我国村镇建设的重要发展方向。长期以来，我国对绿色技术标准体系的研究重点集中在城镇地区，围绕生态城市、绿色建筑、绿色生态社区等开展了一系列研究和实践，国家和地方相继颁布了《绿色生态城区评价标准》GB/T 51255—2017、《绿色建筑评价标准》GB/T 50378—2019、《绿色生态居住小区建设评价标准（试行）》DB J61/T 83—2014等相关标准，对包括能源系统、空气环境、给水排水、通信设施、生活垃圾及废弃物处理等设施的建设提出了"资源节约、环境友好"的要求。未来村镇地区需逐步健全技术标准体系，本着因地制宜的原则贯彻绿色技术理念，研发推广节能、高效、环保的技术标准体系，全面提升村镇建设品质，实现社会、经济和环境效益的共赢。

（2）构建与我国发展特征相匹配的绿色宜居村镇基础设施建设配建技术体系

我国农村基础设施配建还处于较粗放的阶段，缺乏设施间的协同，对于设施间的相互制约和相互影响的考虑不到位，例如部分村镇存在教育、医疗、商业、金融邮电等设施可达性差、村民生活物资采购难，以及能源使用粗放、水资源供应不足、乡村卫生条件差等问题。这就需要相关部门合理布局，积极筹划绿色宜居村镇发展路径，重点针对影响居民生活幸福感和我国"双碳"发展战略的能源基础设施、水资源基础设施等研发适宜的技术体系。可参考德国发展经验，在具有共

性的基础设施建设方面采用与城市统一的技术和标准，不但可以惠及广大农民，实现资源的合理分配，还可以提高农村自身竞争力和吸引力，在一定程度上降低劳动力人口向城市的转移，更好地促进农村自身发展和建设。而在具有个性的基础设施上可以根据具体地区具体规划。例如当前处于起步阶段的特色小镇或田园综合体产业，除了依托于发展地区自身的自然条件外，当地的一些基础设施建设也可采用地区定制，突出地方特色，对新兴产业发展起到促进作用，进一步带动地区发展。

（3）不断提升基层政府长效治理水平，强化资金保障与高效运行管理水平

农村基础设施是否满足当地老百姓的需求、是否能让老百姓满意，很大程度上取决于当地基层政府的治理能力。要提升长效治理水平，一方面，充分的资金支撑必不可少，应密切关注并研究农村基础设施相关投融资政策及潜在的融资渠道，形成与绿色宜居村镇建设目标相适应的基础设施投融资创新机制和建设模式；另一方面，不断强化基础设施运行管理水平，通过政策支撑、资金保障、优化调整等多种方式，保障基础设施长期高效运行，提升基础设施运行中的居民满意度。这就要求村镇管理者构建畅通的利益表达机制、参与机制、决策机制等，切实维护和实现农民的利益，充分了解当地不同群体村民的真实需求，充分吸纳村民的意见，让村民参与到村庄治理的决策过程中，通过灵活的治理手段解决经济、资源、技术及硬件设施等问题，切实有效服务于当地居民。

第3章 绿色宜居村镇基础设施配建标准

3.1 绿色宜居村镇基础设施的界定

基础设施是指为社会生产和居民生活提供公共服务的物质工程设施，是用于保证社会经济活动正常进行的公共服务系统，通常是指道路交通、邮电、供水供电、商业服务、科研与技术服务、园林绿化、环境保护、文化教育、卫生事业等市政公用工程设施和公共生活服务设施等。

对于村镇而言，近10年的中央一号文件均持续性地对村镇基础设施和公共服务设施的建设提出要求（表3.1-1）。近年来，国家相继发布了村镇建设的相关政策法规以及战略规划等，提出了村镇建设的目标、要求和实现路径，而村镇基础设施和公共服务设施是其重要的内容之一。

在《村庄整治技术规范》GB/T 50445—2019、《农村人居环境整治三年行动方案（2018—2020年）》、《农村人居环境整治提升五年行动方案（2021—2025年）》等标准和文件中，对道路交通、供水、排水、通信、能源、公共卫生、应对气候变化（防灾减灾）等保证农民基本生活的基础设施做出了规定。而在更为全面指导和评价农村建设的相关标准、政策和文件中，如《美丽乡村建设指南》GB/T 32000—2015、《美丽乡村建设评价》GB/T 37072—2018、《第三次全国农业普查主要数据公报（三、四）》普查内容、《乡村振兴战略规划（2018—2022）》、《乡村建设行动实施方案》，对提供基本社会服务的教育、医疗、文化体育、综合服务（商业服务+金融邮电）、基层便民服务等公共服务基础设施也提出了要

近10年中央一号文件相关要求

表 3.1-1

指标	2013	2014	2015	2016	2017	2018	2019	2020	2021	2022
道路交通	□ 推进公路改造、连通工程建设 □ 继续推进乡镇客运站网建设	□ 实施村内道路硬化工程、管护 □ 推进城乡道路客运一体化	□ 加强农村客运和农村校车安全管理	□ 通硬化路 □ 通班车，创造条件推进城乡客运一体化	□ 积极推进城乡交通运输一体化	□ 全面推进"四好农村路"（建好、管好、护好、运营好） □ 加快实施通村组硬化路建设	□ 全面推进"四好农村路" □ 具备条件的建制村全部通硬化路，有条件的向自然村延伸 □ 加强村内道路建设	□ "四好农村路"示范 □ 有序推进较大人口规模自然村（组）硬化路建设	□ 较大人口规模自然村（组）通硬化路；农村资源路、产业路、旅游路和村内主干道路建设；向进村入户倾斜 □ 城乡交通一体化示范	□ 农村公路安全生命防护工程和危桥改造 □ 农村公路路况自动化检测
供水	□ 基本解决饮水安全	□ 提高饮水安全工程建设标准，加强水源地水质监测与保护 □ 有条件的地区，推进城镇供水管网向农村延伸	□ 饮水安全，推动饮水提质增效，推进城镇供水管网向农村延伸	□ 饮水安全提升，巩固提升，推动城镇供水设施向农村周边延伸	□ 饮水安全巩固提升工程	□ 饮水安全巩固提升工程	□ 饮水安全巩固提升工程	□ 推进规模化供水工程建设 □ 推进城乡供水一体化 □ 水源保护，做好水质监测	□ 有条件的地区推进城乡供水一体化，到2025年农村自来水普及率达到88%	□ 配套完善净化消毒设施设备

第 3 章　绿色宜居村镇基础设施配建标准

续表

指标	2013	2014	2015	2016	2017	2018	2019	2020	2021	2022
排水	□ 搞好污水处理，实施乡村清洁工程	□ 以奖促治，重点整治	□ 加大农村污水处理和改厕力度	□ 采取城镇管网延伸和集中处理和分散处理多种方式，加快污水治理和改厕	□ 适宜模式，农村生活污水治理，集中连片综合治理和改厕	□ 总结推广适用不同地区的污水治理模式 □ 推进农村"厕所革命"，同步实施粪污治理，加快实现农村卫生厕所全覆盖	□ 财政对厕所革命整村推进给予补助	□ 厕所无害化改造 □ 梯次推进农村生活污水治理 □ 农村黑臭水体整治	□ 农村改厕、黑臭水体治理和污水治理，因地制宜建设污水处理设施	□ 从实际需求出发，可推广水冲卫生厕所，也可建设卫生旱厕 □ 分区分类推进农村生活污水治理 □ 黑臭水体治理
通信	□ 加快宽带网络等农村信息基础设施建设	□ 加快农村互联网基础设施建设，推进信息进村入户	□ 推进农村广播电视、通信等村村通工程 □ 加快信息基础设施建设和宽带普及	□ 加快实现农村宽带全覆盖	□ 光纤到村，4G全覆盖	□ 实施数字乡村战略 □ 加快宽带网络和第四代移动通信网络覆盖步伐	□ 推进提速降费	□ 基本实现建制村光纤网络和第四代移动通信网络普遍覆盖	□ 千兆光网、第五代移动通信网络（5G）、移动物联网；与城市同步规划建设 □ 农业农村遥感卫星等天基设施	□ 数字技术赋能乡村公共服务，推动"互联网+政务服务"向乡村延伸覆盖 □ 加强农村信息基础设施建设

续表

指标	2013	2014	2015	2016	2017	2018	2019	2020	2021	2022
能源	□中央投资继续支持电网改造和增效扩容改造 □促进农村沼气可持续发展	□因地制宜发展户用沼气和规模化沼气	□因地制宜采取电网延伸和光伏、风电、小水电等供电方式 □解决无电人口用电问题	□开展"低电压"综合治理	□新能源行动 □电网改造升级	□有序推进煤改气、煤改电和新能源利用 □可再生能源开发利用 □电网改造升级、制定农村通动力电规划	□电网改造升级、全面实施乡村电气化提升工程	□延伸乡村物流服务网络、加强乡村电商服务站点建设	□燃气下乡；建设乡村储气罐站和微管网供气系统；发展农村生物质能源；加强煤炭清洁化利用 □发展农村生物质能源 □全面巩固提升农村电力保障水平	□推进农村光伏、生物质能等清洁能源建设
公共卫生	□搞好垃圾处理实施乡村清洁工程	□以奖促治、重点整治	□垃圾专项整治	□垃圾治理5年专项行动	□推进生活垃圾治理专项行动，促进垃圾分类和资源化利用	/	□全面推开以农村垃圾污水治理	□开展就地分类、源头减量试点	□源头分类减量、资源化处理利用 □有机废弃物综合处置利用设施 □环卫一体化第三方治理	□生活垃圾源头分类减量 □推进就地利用处理

第 3 章 绿色宜居村镇基础设施配建标准

续表

指标	2013	2014	2015	2016	2017	2018	2019	2020	2021	2022
应对气候变化	□ 加强山洪、地质灾害防治	/	/	□ 加强农村防灾减灾体系建设	/	/	□ 开展农村消防、地质灾害领域专项治理	/	□ 加强县乡村应急管理和消防安全体系建设	□ 开展农村消防、自然灾害等领域专项治理
教育	□ 完善校舍建设改造长效机制 □ 办好村小学和教学点，改善办学条件，方便农村学生就近上学	□ 加快改善农村薄弱学校基本办学条件，大力支持发展农村学前教育	□ 因地制宜保留并办好村小学和教学点，支持乡村两级公办普惠性民办幼儿园建设，加强乡村教师队伍建设	□ 加快发展学前教育，全面改善基本办学条件，改善学校寄宿条件，办好乡村小规模学校，推进学校标准化建设	□ 义务教育经费保障机制，加强乡村教师队伍建设	□ 以城带乡、整体推进，城乡一体、均衡发展 □ 全面改薄弱校基本办学条件 □ 加强寄宿制学校建设，发展学前教育	□ 城乡义务教育一体化发展 □ 加强农村儿童健康改善和早期教育、学前教育	□ 加强乡镇寄宿制学校建设，统筹乡村小规模学校布局，改善办学条件，提高教学质量 □ 加强乡村教师队伍建设	□ 普惠性学前教育资源供给 □ 改善乡镇寄宿制学校办学条件 □ 办好必要的乡村小规模学校 □ 县城和中心镇新建改扩建一批高中和中等职业学校	□ 多渠道加快农村普惠性学前教育资源建设

续表

指标	2013	2014	2015	2016	2017	2018	2019	2020	2021	2022
医疗	□健全农村三级医疗卫生服务网络 □加强乡村医生队伍建设	□实施中西部全科医生特岗计划	□推进各级定点医疗机构与省内新农合医疗信息系统互联互通	□全面实施城乡居民大病保险制度	□加快推进城乡居民医保制度整合，异地就医，农村基层卫生人才培养	□支持乡镇卫生院和村卫生室改善条件	□加快标准化村卫生室建设，实施全科医生特岗计划	□推进标准化乡镇卫生院建设，盘活现有编制资源，优先聘用符合条件的村医	□提升村卫生室建设和健康管理水平 □提升应对重大疫情及突发公共卫生事件能力	□农村基层定点医疗机构医保信息化建设
文化体育	□深入实施农村重点文化惠民工程，建立农村文化投入保障机制	□有效整合各类文化惠民项目和资源 □推动公共文化体育设施和服务标准化建设	□支持建设多种文化体育设施	□继续实施文化惠民项目 □建设基层综合性文化服务中心	□统筹实施重点文化惠民项目，完善基层综合性文化服务设施	□推进基层综合性文化服务中心建设	□加快推进农村基层综合性文化服务中心建设	□扩大乡村文化惠民工程覆盖面	□推进城乡公共文化服务体系一体建设，创新实施文化惠民工程	/

续表

指标	2013	2014	2015	2016	2017	2018	2019	2020	2021	2022
综合服务	/	□ 完善农村物流服务体系	/	□ 物流服务网络和设施建设与衔接 □ "快递下乡"工程	□ 建制村直接通邮 □ 完善县物流基础设施网络	/	□ 完善县物流基础设施网络	□ 延伸乡村物流服务网络，加强村级电商服务站点建设	□ 加快完善县乡村三级农村物流体系 □ 改造提升农村寄递物流基础设施 □ 发展线上线下相结合的服务网点	□ 村级寄递物流综合服务点
便民机构	□ 加快社会养老服务体系建设	□ 加快构建农村社会养老服务体系	□ 构建农村基层综合公共服务平台 □ 支持建设多种农村养老服务设施	□ 加强养老服务体系，残疾人康复和供养托养设施建设	□ 完善城乡居民养老保险筹资和保障机制	/	□ 推动建立城乡统筹的基本公共服务经费投入机制，完善农村基本公共服务标准 □ 推动多层次农村养老事业发展	□ 发展农村互助式养老，多形式建设日间照料中心	□ 村级幸福院、日间照料中心等养老服务设施建设	□ 数字技术赋能乡村公共服务，推动"互联网+政务服务"向乡村延伸覆盖 □ 实施农村综合服务设施提升工程 □ 开展日间照料、老年食堂等服务

求。基础设施建设和公共服务供给的全面提升是乡村振兴要解决的重点问题，也是全面实现乡村振兴的关键所在（表3.1-2）。

相关标准和文件对以下基础设施和公共服务设施提出要求　　表3.1-2

	《村庄整治技术规范》GB/T 50445—2019	《农村人居环境整治提升三年和五年行动方案》	《美丽乡村建设指南》GB/T 32000—2015	《美丽乡村建设评价》GB/T 37072—2018	《第三次全国农业普查主要数据公报（三、四）》	《乡村振兴战略规划（2018—2022）》	《乡村建设行动实施方案》
道路交通	√	√	√	√	√	√	√
供水	√	—	√	√	√	√	√
排水	√	√	√	√	√	√	√
通信	—	√	√	√	√	√	√
能源	√	/	√	√	√	√	√
公共卫生	√	√	√	√	√	√	√
应对气候变化（防灾减灾）	√	√	√	√	√	√	√
教育	—	—	√	√	√	√	√
医疗	—	—	√	√	√	√	√
文化体育	—	—	√	√	√	√	√
综合服务（商业服务+金融邮电）	—	—	—	√	√	√	√
基层便民服务	—	—	—	√	—	√	√

为使研究成果能够更全面地指导村镇基础设施建设，本书研究的范畴设定为更广义的基础设施，既包括了为广大农民提供安全、健康生产生活服务的道路交通、供水、排水、通信、能源、公共卫生、应对气候变化等生活性基础设施，也包括提供基本社会服务的教育、医疗、文化体育、商业服务、金融邮电、行政便民服务等公共服务基础设施（图3.1-1）。

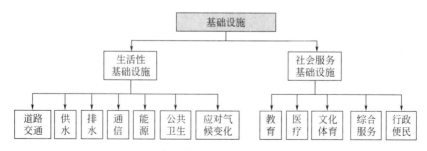

图 3.1-1 农村基础设施和公共服务基础设施

3.2 绿色宜居村镇基础设施建设关键影响因素

3.2.1 村镇基础设施建设成效分析

（1）村镇基础设施使用和建设现状

研究团队于2019年对我国不同地区村镇基础设施建设现状进行调研，涵盖了寒冷地区、夏热冬冷地区、夏热冬暖地区、温和地区四个气候区，高原、丘陵、山地和水网纵横等地形地貌，扶贫县、脱贫县和经济发达等不同经济发展水平的区县，以及少数民族地区，共计5区县18乡镇26村。

考虑村镇基础设施建设和运行管理与村民经济水平、生活习惯、家庭构成等因素密切相关，为系统掌握和分析村镇基础设施建设情况，研究团队设置了详细的调研清单，除各项基础设施建设和运行情况外，还包括村镇居民年龄、家庭规模、家庭成员年龄、家庭平均月收入以及收入来源等基本情况，以期对不同群体的满意度和需求进行分析，同时也调研对基础设施的建设使用现状和总体满意度。

针对基础设施建设需求部分，调研表对每一类设施进行细分，例如将对道路交通这一基础设施的改善需求细分为对公共交通、停车场、路面形式、路灯、道路宽度等，调研表设置如图3.2-1所示。此外，调研表也针对村镇基础设施配建与管理模式进行了详细设置，如各类基础设施"谁建设、谁投资、谁运维、谁监管、谁使用"，以及县、镇、村三级政府在基础设施建设中的协调机制，村民在基础设施建设中的参与程度等。

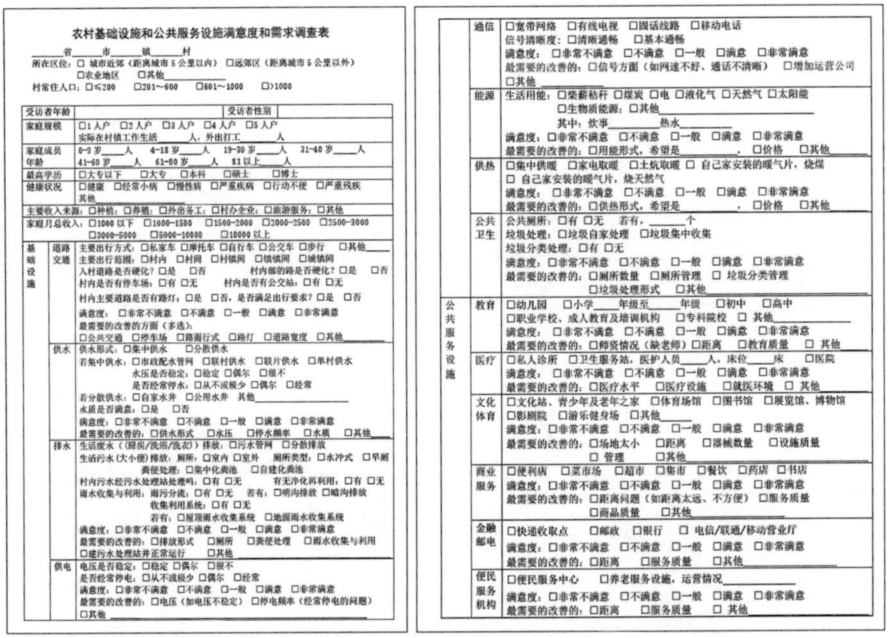

农村基础设施和公共服务设施满意度和需求调查表

____省____市____镇____村

所在区位：□ 城市近郊（距离城市5公里以内） □远郊区（距离城市5公里以外） □农业地区 □其他____

村常住人口：□≤200 □201～600 □601～1000 □>1000

受访者年龄		受访者性别
家庭规模	□1人户 □2人户 □3人户 □4人户 □5人户 实际在村镇工作生活____人，外出打工____人	
家庭成员年龄	0-3岁____人 4-18岁____人 19-30岁____人 31-40岁____人 41-60岁____人 61-80岁____人 81以上____人	
最高学历	□大专以下 □大专 □本科 □硕士 □博士	
健康状况	□健康 □经常小病 □慢性病 □严重疾病 □行动不便 □严重残疾 其他____	
主要收入来源：□种植；□养殖；□外出务工；□村办企业；□旅游服务；□其他		
家庭月总收入：□1000以下 □1000-1500 □1500-2000 □2000-2500 □2500-3000 □3000-5000 □5000-10000 □10000以上		

基础设施	道路交通	主要出行方式：□私家车 □摩托车 □自行车 □公交车 □步行 □其他____ 主要出行范围：□村内 □村间 □村镇间 □镇镇间 □城镇间 入村道路是否硬化？□是 □否 村内部的路是否硬化？□是 □否 村内是否有停车场：□有 □无 村内是否有公交站：□有 □无 村内主要道路是否有路灯：□是 □否，是否满足出行要求？□是 □否 满意度：□非常不满意 □不满意 □一般 □满意 □非常满意 最需要的改善的方面（多选）： □公共交通 □停车场 □路面行式 □路灯 □道路宽度 □其他____
	供水	供水形式：□集中供水 □分散供水 若集中供水：□市政配水管网 □联村供水 □联片供水 □单村供水 水压是否稳定：□稳定 □偶尔 □很不 是否经常停水：□从不或极少 □偶尔 □经常 若分散供水：□自家水井 □公用水井 其他____ 水质是否满意：□是 □否 满意度：□非常不满意 □不满意 □一般 □满意 □非常满意 最需要的改善的：□供水形式 □水压 □停水频率 □水质 □其他____
	排水	生活废水（（厨房/洗浴/洗衣））排放：□污水管网 □分散排放 生活污水（大小便）排放，厕所：□室内 □室外 厕所类型：□水冲式 □旱厕 粪便处理：□集中化粪池 □自建化粪池 村内污水经污水处理站处理吗：□有 □无 有无净化再利用：□有 □无 雨水收集与利用：雨污分流：□有 □无 若有：□明沟排放 □暗沟排放 收集利用系统：□有 □无 若有：□屋顶雨水收集系统 □地面雨水收集系统 满意度：□非常不满意 □不满意 □一般 □满意 □非常满意 最需要的改善的：□排放形式 □厕所 □粪便处理 □雨水收集与利用 □建污水处理站并正常运行 □其他____
	供电	电压是否稳定：□稳定 □偶尔 □很不 是否经常停电：□从不或极少 □偶尔 □经常 满意度：□非常不满意 □不满意 □一般 □满意 □非常满意 最需要的改善的：□电压（如电压不稳定） □停电频率（经常停电的问题） □其他____
	通信	□宽带网络 □有线电视 □固话线路 □移动电话 信号清晰度：□清晰通畅 □基本通畅 满意度：□非常不满意 □不满意 □一般 □满意 □非常满意 最需要的改善的：□信号方面（如网速不好、通话不清晰） □增加运营公司 □其他____
	能源	生活用能：□柴薪秸秆 □煤炭 □电 □液化气 □天然气 □太阳能 □生物质能源：□其他____ 其中：炊事____热水____ 满意度：□非常不满意 □不满意 □一般 □满意 □非常满意 最需要的改善的：□用能形式，希望是____，□价格 □其他____
	供热	□集中供暖 □家电取暖 □土炕取暖 □ 自己家安装的暖气片，烧煤 □ 自己家安装的暖气片，烧天然气 满意度：□非常不满意 □不满意 □一般 □满意 □非常满意 最需要的改善的：□供热形式，希望是____，□价格 □其他____
	公共卫生	公共厕所：□有 □无 若有，____个 垃圾处理：□垃圾自家处理 □垃圾集中收集 垃圾分类处理：□有 □无 满意度：□非常不满意 □不满意 □一般 □满意 □非常满意 最需要的改善的：□厕所数量 □厕所管理 □ 垃圾分类管理 □垃圾处理形式 □其他____
公共服务设施	教育	□幼儿园 □小学____年级至____年级 □初中 □高中 □职业学校、成人教育及培训机构 □专科院校 □ 其他____ 满意度：□非常不满意 □不满意 □一般 □满意 □非常满意 最需要的改善的：□师资情况（缺老师）□距离 □教育质量 □ 其他____
	医疗	□私人诊所 □卫生服务站，医护人员____人，床位____床 □医院 满意度：□非常不满意 □不满意 □一般 □满意 □非常满意 最需要的改善的：□医疗水平 □医疗设施 □就医环境 □ 其他____
	文化体育	□文化站、青少年及老年之家 □体育场馆 □图书馆 □展览馆、博物馆 □影剧院 □游乐健身场 □其他____ 满意度：□非常不满意 □不满意 □一般 □满意 □非常满意 最需要的改善的：□场地太小 □距离 □器械数量 □设施质量 □ 管理 □其他____
	商业服务	□便利店 □菜市场 □超市 □集市 □餐饮 □药店 □书店 满意度：□非常不满意 □不满意 □一般 □满意 □非常满意 最需要的改善的：□距离问题（如距离太远、不方便） □服务质量 □商品质量 □其他____
	金融邮电	□快递收取点 □邮政 □银行 □ 电信/联通/移动营业厅 满意度：□非常不满意 □不满意 □一般 □满意 □非常满意 最需要的改善的：□距离 □服务质量 □其他____
	便民服务机构	□便民服务中心 □养老服务设施，运营情况____ 满意度：□非常不满意 □不满意 □一般 □满意 □非常满意 最需要的改善的：□距离 □服务质量 □ 其他____

图 3.2-1 基础设施和公共服务基础设施满意度和需求调查表

① 调研村镇受访人群特征

受访村镇中，老年受访者占比较高，大量中青年劳动力外出务工，目前在村镇居住的以中老年和儿童为主（表3.2-1）。

受访人群年龄情况 表 3.2-1

	陕西 A县	河北 B县	广西 C县	江苏苏州 D区	贵州 E县
青年（20 ~ 39岁）	7.22%	5.75%	19.23%	8.51%	20.00%
中年（40 ~ 59岁）	50.52%	35.63%	50.00%	44.68%	64.62%
老年（60岁及以上）	42.27%	58.62%	30.77%	46.81%	15.38%

从家庭收入上看，五个受访村镇中受访者所在家庭从事的行业和

月收入差异较大（表3.2-2）。江苏苏州D区企业职工户和个体工商户的比例约占到63.83%，反映在月收入上，5000元以上占65.96%；陕西A县和广西C县以农业户和外出务工户为主，其家庭人均月收入主要集中在1000～3000元；河北B县以个体工商户和一般农业户为主，家庭人均月收入主要集中在1000～5000元；贵州E县以一般农业户为主，家庭人均月收入5000元以上占40%，其次为1000～3000元占24.62%。

受访人群家庭月收入及来源情况　　　　表3.2-2

		陕西A县	河北B县	广西C县	江苏苏州D区	贵州E县
家庭月收入	1000元以下	18.39%	12.37%	23.08%	2.13%	7.69%
	1000～3000元	25.29%	38.14%	48.08%	8.51%	24.62%
	3000～5000元	25.29%	28.87%	21.15%	10.64%	18.46%
	5000元以上	13.79%	19.59%	7.69%	65.96%	40.00%
	不清楚	17.24%	1.03%	0.00%	12.77%	9.23%
家庭收入来源	一般农业户	26.15%	31.96%	40.38%	4.26%	50.57%
	专业农业户	3.08%	0.00	0.00%	8.51%	6.90%
	个体工商户	40.00%	2.06%	3.85%	14.89%	3.45%
	企业职工户	1.54%	0.00	0.00	48.94%	4.60%
	外出务工	6.15%	32.99%	21.15%	4.26%	10.34%
	半工半农或半商半农	20.00%	31.96%	34.62%	10.64%	17.24%
	其他	1.54%	1.03%	0.00%	8.51%	6.90%

② 基础设施建设和管理现状

由于不同村镇经济发展水平、资源环境、治理模式的不同，各类基础设施在建设管理、运营维护以及服务范围上不尽相同，但大致可以分为以下几类：

由县级及以上政府进行统筹规划，并投资建设，为村民提供最基本的生产生活保障，后续管理维护由镇或村负责。这类基础设施主要为生活性基础设施，包括通村主要道路的铺设，通信、供水、排水、供电、燃气设施的规划和配建。这类基础设施配建通常需要在区域间或区域内进行资金、建设时序等方面的统筹协调（表3.2-3）。

第一类建设管理模式　　　　　　　　　　　　　　表3.2-3

设施内容	建设	投资	所有	运维	监管	使用
道路（主要道路硬化）、通信、供水、排水、能源（供电、天然气）等	县级及以上	县级及以上	县	县	县	县域村民
	县级及以上	县级及以上	村	村	镇、县	本村村民

由县、镇政府进行统筹规划和投资建设，为村民提供便捷的生产生活服务，后续管理维护仍由镇或县负责。这类基础设施主要为公共服务基础设施，包括公共交通的设置，罐装煤气的供给，小学的配置，垃圾收运机制的建立，提供物流配送服务等。这类基础设施的配置需要在区域内（县、镇）进行各相关部门、相邻村镇的统筹协调（表3.2-4）。

第二类建设管理模式　　　　　　　　　　　　　　表3.2-4

设施内容	建设	投资	所有	运维	监管	使用
道路（公交）、能源（罐装煤气）、教育（小学）、公共卫生（垃圾收运）、金融邮电（物流配送）等	县、镇	县、镇	镇	镇	县、镇	镇域村民

投资建设主体多样，县、镇、村政府和企业均可成为投资建设主体，切实提升村民的生活质量，后续管理维护主体根据实际情况设定。这类基础设施包含生活性基础设施和公共服务基础设施，例如次要道路、宅间路、路灯、停车场的设置，户用厕所、雨水收集利用及可再生能源设施的建设，幼儿园、医疗、文化体育、商业服务、金融邮电服务设施、基层便民机构的设置等。这类基础设施的配置需要在区域内（镇、村）进行相关部门和村内相关事务的统筹协调（表3.2-5）。

第3章　绿色宜居村镇基础设施配建标准

第三类建设管理模式　　　　　　　　表3.2-5

设施内容	建设	投资	所有	运维	监管	使用
道路（次要道路、宅间路、路灯、停车场）、排水（户厕、雨水收集利用）、能源（可再生）、公共卫生（公厕）、教育（幼儿园）、医疗、文化体育、综合服务（商业服务+金融邮电）、基层便民机构等	县、镇、村	县、村	镇、村	县、镇、村	县、镇	本、邻村民
	县、企业	县	村	企业	县、村	本、邻村民
	村、企业	村、企业	村、企业	村、企业	村、企业	本、邻村民

（2）基础设施建设、使用和管理成效分析

在国家"村村通"政策的推动下，农村道路、供水、通信、供电等生活性基础设施的建设极大改善了村民的生产生活条件，公共服务设施满意度虽普遍低于生活性基础设施，但总体在50%以上。值得关注的是，排水设施和教育设施仍是基础设施的发展短板，远远满足不了村民的需求，即使是在经济发展水平较高的地区，对排水和教育设施的满意度仍低于其他基础设施，如图3.2-2所示。

① 道路交通

村庄的通村主要道路硬化基本由县或县级以上政府投资建设，并由县政府相关部门进行维护和监管。对于发展旅游产业的村庄，企业参与村庄主要道路修建的投资和建设，有利于推动旅游产业的发展。而个别经济条件较差的村庄则争取到跨省帮扶的支持进行道路建设；在村庄的次要道路、宅间道路的修建中，经济条件较好村庄的村民愿意为提升生活便利性投入一定的资金，村委和村民对次要和宅间道路进行维护和监管；路灯一般由县政府投资配置，路灯安装后由村委维护，也因此往往会出现村委由于技术欠缺而维护不到位，或与安装公司沟通不畅而维修不及时的现象；公共交通均是由县政府统筹安排，因此县相关管理部门制定的符合当地情况的客运运营组织模式是影响村民出行便利性的关键。

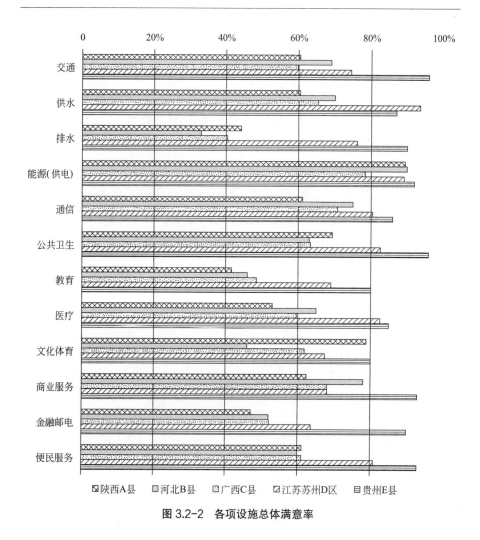

图 3.2-2　各项设施总体满意率

- 道路硬化：道路硬化率均达到95%以上，但部分村镇道路建设质量不高，如主要道路宽度不能满足大型农用车辆、大型客车等通行要求，道路建设质量不够坚固耐久；

- 路灯：入村或村内主路可满足基本照明需要，但村内小路欠缺或有灯不亮，设置不充足，维护管理不到位；

- 公共交通：作为最基本的生活保障较为欠缺，部分村镇公共交通体系的建立较为落后，不能满足当地村民的日常出行需求；

■ 停车场：除经济较发达的江苏苏州D区对停车场的需求达到15%以外，其他调研村镇需求普遍不高，停车场的设置可根据村庄发展需求而确定。

调研村镇对道路交通设施的总体满意度在60%以上（图3.2-3）。作为最基本的生活保障，道路交通中的公共交通设施是村民最迫切需要改善的，特别是在经济发展水平不高的地区。其次是对道路的宽度和建设质量的需求，道路宽度需满足通客车需要，同时应提升道路的建设质量，以满足当地村民的日常出行和生产生活需求。

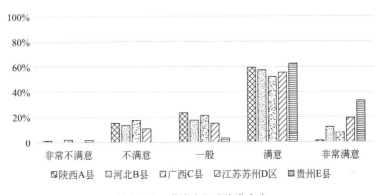

图3.2-3　道路交通设施满意度

② 供水

实现集中供水的村庄（包括市政供水、联村供水、单村供水）的投资与建设形式多样，不同区位、经济发展水平和产业发展模式的村庄，县政府、国有企业、私营企业、村民在投资和建设阶段发挥着不同的作用。如区位上离镇区较近的村庄，县政府投资接入市政管网；发展旅游产业的村庄，村民筹集企业建设；经济条件较差的村庄则多由县政府投资，也有部分村组织村民自建，将山泉水或井水引入农户。不论何种形式，水质达标应是最基本的保障，除市政管网供水，其他形式的集中供水均由镇或县相关部门进行水质监管，村委对本村水质进行定期杀菌消毒,因此村委对水质的及时监测与维护是保证村民饮水健康的关键。镇、县相关部门应当切实执行监督和检查的职能。

■ 供水形式:不同的地理位置和气候条件是影响供水形式的主要因素,不同地区根据本地自然条件选择供水形式的优先程度不同。广西C县虽经济发展水平不高,但集中供水仍然是首选,集中供水比例达到92%,经济发达地区基本可实现市政自来水供应。

■ 水质:虽然各地均有杀菌消毒措施,并定期检查,但管理仍相对落后,除100%达到市政供水的江苏苏州D区外,其他调研村镇对水质的改善需求较高。

调研村镇对供水设施的总体满意度在60%以上(图3.2-4),其中江苏苏州D区实现集中供水,满意度近100%。集中供水是村镇居民的首选,饮水安全是村镇居民普遍关注的问题。

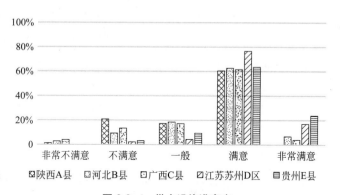

图 3.2-4　供水设施满意度

③ 排水

排水系统多由县政府统筹建设,经济发展水平较高的地区基本实现了市政污水管网排放,集中收集处理,并向村民收取一定的污水处理费;部分村镇实现村内或联村集中收集处理,并设置专门的工作人员进行管理,但仍有部分村庄目前还存在污水分散排放的现象。近年来大力推进农村地区厕改,部分村庄由县政府和村民共同出资进行厕改。农村地区除市政污水管网覆盖的村庄，其他村庄在污水和粪污无害化处理及资源化利用方面并无相应的模式，这也是污水处理设施是调研村镇中令村民最不满意的设施之一的重要原因。

污水、废水的排放和处理形式是影响村庄环境卫生的重要因素，村镇居民对排放形式的改善均有较高需求，特别是炎热湿润地区。

■ 生活废水和污水：排放形式以分散排放为主，陕西A县、广西C县和河北B县村民对排放形式的改善有迫切需求；

■ 生活污水：旱厕比例较高的陕西A县和河北B县村民对厕所形式的改善有迫切需求；

■ 雨水收集和利用：目前各调研村镇基本没有设置雨水收集利用设施，但排水设施较好，满意度较高的村镇，提出了对雨水收集利用设施的需求；

调研村镇对排水设施的总体满意度呈现差异（图3.2-5），经济条件较好的村镇满意度较高。对排水设施的改善需求主要集中在对排放形式的改善需求上，而经济条件较好的村镇和排水设施建设较完善的村镇，则对雨水收集利用提出了需求。

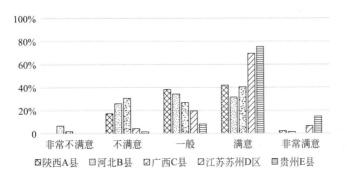

图 3.2-5 排水设施满意度

④ 通信

通信设施均由当地相关部门统筹规划建设。居民对通信设施建设和管理整体满意率较高，宽带网络、有线电视、移动电话等均能满足村民的需求（图3.2-6）。

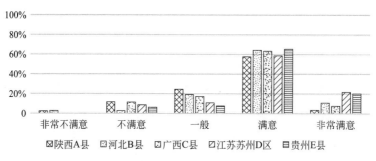

图 3.2-6　通信设施满意度

⑤ 能源

农村现有能源使用形式多样，居民能根据能源的获取便利性和使用成本，在进行不同生产生活行为时选择不同的能源形式，最大限度满足家庭快捷高效低成本的能源使用。随着"煤改气""煤改电"的推进，电网的普及和升级，用电正逐步成为炊事和生活热水的主要形式。

■炊事形式：电与燃气是调研各村镇的主要炊事用能形式，但个别地区受当地气候特点、资源条件和经济发展水平的影响，薪柴的使用仍占有一定比例。

■生活热水：主要以电热水器为主，太阳能热水器在各调研村镇均有使用，在江苏苏州D区和河北B县的使用比例较高，超过50%的家庭使用太阳能热水器。

调研村镇对供电设施的总体满意度较高，村镇居民对供电设施的满意度能够达到近80%以上（图3.2-7）。

⑥ 公共卫生

村庄的垃圾收运模式多样。部分村庄的垃圾清理工具和村保洁员的酬劳由县政府提供，镇政府负责垃圾的转运。也有部分村庄将村内

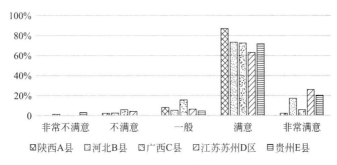

图 3.2-7 供电设施满意度

保洁工作整体交由第三方企业管理，县或镇政府按照村内人口数对企业进行补贴，镇政府仍然负责垃圾的转运工作。未来县、镇政府需要统筹解决的是垃圾就地资源化利用和垃圾分类的问题，以及如何调动村民的积极性，共同参与维护村庄公共卫生环境中。目前村镇垃圾处理的形式多以村集中—镇收集—县（区）处理为主，其中江苏苏州D区和贵州E县已经进行垃圾分类处理，分别有72%和46%的调研人群家中进行了垃圾分类，而其他调研地区还未开展，但村民普遍对垃圾分类管理的需求比较高。

调研村镇对公共卫生设施的总体满意度在60%以上，普遍对垃圾分类处理有显著的需求，特别是经济条件较好的地区。公共厕所的设置则取决于村庄的发展定位（图3.2-8）。

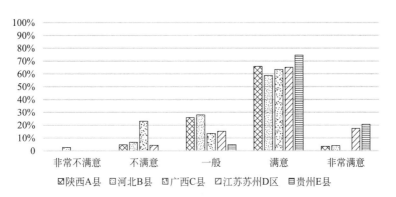

图 3.2-8 公共卫生设施满意度

⑦ 教育

近年来的迁村并点，使学校远离村庄，但相应的道路交通设施不足，给学生往返学校带来了不便。根据国家相关政策，大村需要独立建园或设分园，小村联合办园，人口分散地区根据实际情况可举办流动幼儿园、季节班等，配备专职巡回指导教师。小学的建设遵循小学 1~3年级学生不寄宿，就近走读上学，路途时间一般不超过半小时；4~6年级学生以走读为主，在住宿、生活、交通、安全等有保障的前提下可适当寄宿的原则，逐步完善县镇村三级教育公共服务网络。另外，县—镇—村三级政府与交通运营管理部门的统筹协调，增加前往学校的便利性，也是缓解这一问题的可行办法。幼儿园和小学多在镇区设置，大部分村庄并无幼儿园和小规模小学，对进一步提高教育质量均提出了需求。

调研村镇对教育服务设施的总体满意度呈现差异，江苏苏州D区和贵州E县满意和非常满意的略高，达到70%（图3.2-9）。公共交通设施的完善与否，直接影响村民对教育设施的满意度。公交系统欠缺的地区，其改善需求最为突出，而公交系统相对较完善的地区，这一问题有所缓解；同时师资水平也是村镇居民急需提升的部分。

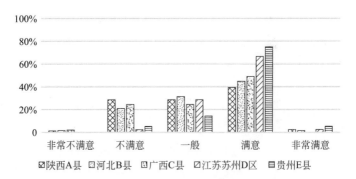

图3.2-9　教育设施满意度

⑧ 医疗

农村卫生服务站的设置基本是由村委提供场地，县政府投资配置符合标准的医疗设备，并发放医务人员工资，以及相应的补贴。村内设置医疗服务站已较为普及，新的医疗形式，例如家庭医生服务也受到了广泛欢迎。

调研村镇对医疗服务设施总体满意度在50%以上（图3.2-10）。江苏苏州D区和贵州E县满意和非常满意的达到80%以上，略高于其他三个调研地区。村民普遍对医疗水平，以及前往镇、县进行就医的便利程度不满意。同时，村民对医保报销、药物取用的便利程度提出了需求。

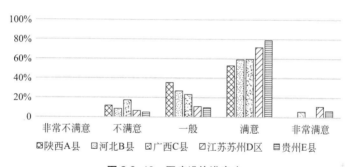

图 3.2-10 医疗设施满意度

⑨ 文化体育

室内文化服务中心、室外文化活动场所和健身器材的设置基本是由村委提供场地，镇政府或县政府投资进行改造和配置相应的设施，由村委进行维护和使用。经济发展水平较高的地区，村委也投入一定的资金。室内外文化活动站（场）、健身场地拥有率较高，各地均能根据不同风俗习惯共享场地，如共享健身场地、图书室和文化活动站等。调研村镇对文化体育服务设施的总体满意度较高，主要需求为增加文化体育设施的数量。

⑩ 商业服务

小型便利店或超市作为农村最普遍的一类商业服务设施，基本由村民个人投资和经营，镇或县级相关监管部门定期对商品质量进行检查。村民个体经营势必带来商品质量欠佳、商品种类不全等问题，因此需要前往镇或县大型超市或集市采买，进而反映出距离太远、数量不足的问题，其根本原因是本村或邻近的商业服务设施无法满足其日常生活需要。镇相关管理部门与村委应建立日用商品和食品的配送和监督管理机制，同时对村民需求做及时了解。便利店、小超市拥有率较高，但商品质量和品种不能满足日常生活需要；部分村庄的便利店、小超市只设置在中心村，各自然村的村民提出距离较远的问题，特别是缺乏日常生活需要的蔬菜瓜果的供应，而目前只有少数村利用私人或政府管理的流动售卖车来缓解这一问题。调研村镇对商业服务设施的总体满意度在50%以上，普遍的问题是商品质量和品种不能满足日常生活需要（图3.2-11）。

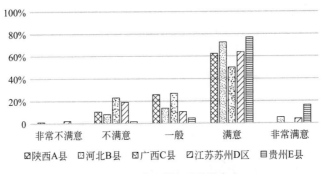

图 3.2-11　商业服务设施满意度

⑪ 金融邮电

不同地区村庄根据自身情况采取不同措施，部分村镇与县交通部门进行协调，与邮政快递相融合，满足村民收寄快递的需求，部分村庄的村民会建立微信群，自行组织解决收寄快递的问题。在金融综合服务网点的设置上，当地的农村信用社发挥着重要作用。当地政府应与相关金融、邮政、交通服务机构相协调，同时调动村民积极性，发挥村民互助的作用。部分调研村镇无取款机或金融便民服务点；快递收取欠缺镇到村的转送。调研村镇对金融邮电服务的总体满意度在50%以上（图3.2-12）。随着网络购物的普及，电子商务的发展，村镇居民均对物流配送需求显著，但目前物流可到达镇区范围，欠缺镇到村的衔接；村镇居民特别是老年人对金融网点需求显著，普遍反映希望能够将服务网点设置到距离村庄更近的地点。

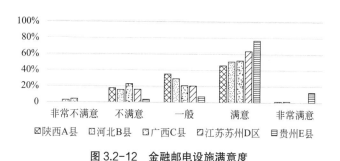

图3.2-12　金融邮电设施满意度

⑫便民服务机构

村级基层便民服务机构在统筹村内资源、灵活管理上均得到村民的认可；农村养老以居家养老为主，养老机构多为镇级配置，极少有村级养老机构，如需设置村级养老机构，需要向县政府申请并得到相应补贴。村镇政府需要及时了解村民的养老需求，建立不同层级的养老形式，将居家养老、机构养老与农村医疗卫生服务体系进行良好的结合。

调研村镇对便民服务机构的总体满意度在60%以上（图3.2-13），需要改善的方面是服务范围还需更加广泛。而针对养老机构的调研显示，养老机构的设置和运营与当地传统观念密切相关，大部分村民仍然愿意居家养老。

根据各地区基础设施建设现状和运行效果与满意度分析，目前我国村镇基础设施配建与管理中存在以下问题：

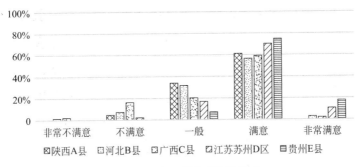

图 3.2-13 便民服务设施满意度

① 基础设施建设和需求呈现显著差异。在国家政策的推动下，农村道路、供电、通信、供水等生活性基础设施的建设极大改善了村民的生产生活条件，满意度较高，但公共服务设施的供给和需求还存在较大差异，在一定程度上反映了社会服务设施的建设与管理滞后于生活性基础设施的建设。

② 缺乏对资源环境的统筹和合理利用。各地村镇能够根据当地的气候和地理环境特点进行基础设施的优选，但仍缺乏对设施间相互制约和相互影响作用的分析，基础设施建设缺乏统筹。

③ 缺乏指导不同地区村镇进行差异化配建的技术和方法。我国村镇的多样化使得各地因自然环境、经济发展、文化传统等方面的不同，而对基础设施的需求不同，目前还存在一刀切的现象，同时设施间的相互制约和相互影响还没有得到充分的分析，设施投资建设效率有待提高。

④ 缺乏有效的基础设施的运行模式和治理手段。欠缺地方各部门间的协调和管理机制，基层政府还缺乏在自然条件和经济条件有限情况下的创新治理手段，设施投资建设效率较低；村民参与和自治的作用没有得到充分发挥，弱势群体的需求考虑程度不够。

3.2.2 基础设施配建关键影响因素

基于对村镇现状调研数据分析和问题诊断，基础设施的建设情况受多项因素影响，主要体现在经济发展水平、资源环境条件、技术支撑能力以及村镇治理能力等四个方面。在经济发展方面，主要受当地经济水平、产业特征和村民年收入等因素影响；在资源环境方面，主要受村镇区位、气候、地形和文化等因素影响；在技术支撑方面，主要考虑通用技术、适应当地的本土技术、低成本和绿色技术等；在治理能力方面，主要受县、镇、村三级政府的协调机制、基础设施各主管部门的协调机制、村民参与程度，以及地方政府的创新治理能力等因素影响。具体影响因素分析见表3.2-6。

影响各类基础设施配建的主要因素分析　　　　表3.2-6

基础设施		经济发展因素			资源环境因素				技术支撑因素				治理能力因素			
		地方经济水平	产业特征	村民年收入	区位	气候	地形	文化	通用技术	本土适应	低成本	绿色	三级政府协调	部门间协调	村民参与	创新管理
生活性基础设施	道路交通	■	■		■		■					■	■	■		■
		影响道路建设质量和管理维护水平，以及公共交通的运营，部分设施可根据产业特征进行配置，如停车场			区位、地形地貌影响道路可达性				影响绿色技术的应用，如地面铺装				各级、各部门协作能力，影响公共交通的运营			
	供水排水	■	■	■	■	■	■		■	■	■	■	■	■	■	■
		影响供排水建设形式和管理水平，经济条件允许的情况下可实现集中供排水			地形地貌、气候特征影响供排水形式的选择及建设优先时序				影响当地的供排水技术选型				相关部门的管理能力影响供排水设施的共享程度和安全性			

续表

基础设施		经济发展因素			资源环境因素			技术支撑因素			治理能力因素			
		地方经济水平	产业特征	村民年收入	区位	气候	地形	文化	通用技术	本土适应	低成本	绿色	三级政府协调	部门间协调	村民参与	创新管理
生活性基础设施	能源	■	■	■	■	■	■		■	■	■	■	■	■	■
		影响清洁能源供应质量,其作为生活用能的使用范围和使用效率			当地可利用的自然资源影响新能源的选择和使用				影响当地能源选择和技术选型				影响村民的选择		
	通信	■							■						
		影响各类通信设施的质量			—				影响各类通信设施的质量				—		
	公共卫生	■			■				■				■	■	■
		影响垃圾处理的运营管理形式,部分设施可根据产业特征进行配建,如公厕			影响垃圾无害化处理、就地资源化利用的技术选择				影响垃圾无害化处理、就地资源化利用的程度				影响垃圾收运处理的质量和村内环境卫生维护		
	应对气候变化				■				■				■	■	■
		—			影响消防、防洪设施的选择,以及避灾疏散场所的选择				影响消防、防洪设施的选择,以及避灾疏散场所的选择				影响防灾减灾设施与供水、供电、供气等部门的联合工作,影响其使用和维护		
社会服务基础设施	教育	■	■	■	■								■	■	■
		影响教育设施的建设质量和可达性,以及教育资源的共享程度和教育质量			影响教育资源可达性				—				影响教育资源的共享程度		

第 3 章 绿色宜居村镇基础设施配建标准

续表

基础设施		经济发展因素			资源环境因素				技术支撑因素				治理能力因素			
		地方经济水平	产业特征	村民年收入	区位	气候	地形	文化	通用技术	本土适应	低成本	绿色	三级政府协调	部门间协调	村民参与	创新管理
社会服务基础设施	医疗	■		■	■								■	■		■
		影响医疗设施的建设质量和医疗资源的共享程度、可达性和医疗水平			影响医疗资源可达性				—				影响医疗资源的共享程度			
	文化体育	■	■	■	■								■	■	■	■
		影响设施类型的丰富程度和建设质量			影响文化体育设施的设置类型				—				影响设施管理维护水平			
	综合服务	■		■	■								■	■		■
		影响商品质量和服务质量,可根据产业特征进行配建,如餐饮。影响金融邮电设施的设置和服务范围			影响商业服务设施可达性 影响物流配送服务范围 影响金融邮电设施的服务范围				—				影响商品质量、金融邮电设施的服务质量			
	便民服务							■					■		■	■
		—			影响便民服务机构的服务内容和形式				—				影响便民服务机构的服务水平			

（1）经济发展因素

地方经济水平、产业特征和村民年收入是影响基础设施配建的主导因素。农村基础设施配建需要大量的投资，一般是由中央、省、市、县四级财政承担，例如道路交通、供电、供水、通信等"村村通"工程，是国家设置的重大工程建设计划，由中央政府提供部分资金支持，地方政府做资金配套。其他基础设施如垃圾处理、教育、医疗、商业、金融等设施的规划建设，基本由地方政府投资建设。因此，地方的经济发展水平对硬件基础设施的投资、技术选择和建设质量，以及公共服务设施的资源共享和服务质量等有显著影响，而一个地区的经济发展水平对地方政府统筹规划和治理水平也有着互为制约或促进的关系，从而间接影响着地方基础设施的建设。

调研显示（图3.2-14），经济和产业发展水平较高的地区在生活性基础设施和公共服务设施上总体满意率均高于其他地区。例如江苏苏州D区家庭收入主要来源为企业打工的家庭占48.94%，其家庭月收入在5000元以上的家庭占65.96%，贵州E县家庭收入主要来源为个体工商户的家庭占40.00%，其家庭月收入在5000元以上的家庭占40%，从图3.2-15对各项基础设施的总体满意度来看，苏州D区和贵州E县的整体满意率均高于其他地区。

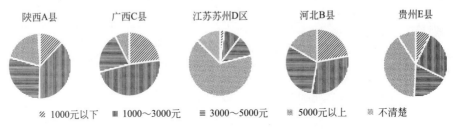

图3.2-14　家庭收入情况

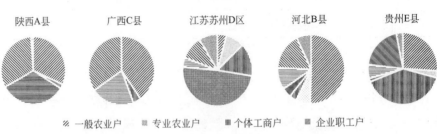

图3.2-15　家庭收入来源

(2) 自然环境和资源禀赋

区位、气候、地形地貌和当地的传统文化等自然环境和资源禀赋是影响基础设施配建的基本因素。村镇对基础设施的选择首先考虑的是如何排除或缓解自然环境带来的安全、卫生等问题，例如供水和排水设施是影响农村生活健康和人居环境的关键基础设施，也是受当地气候特征和地理环境影响其建设形式最显著的基础设施。位于山地、丘陵的村庄，与位于河网密布地区的村庄，以及地处高温湿热、寒冷干燥等不同气候环境的村庄，在水源的选择、集中或分散排水形式的选择、生活污水废水处理技术的选择等方面均存在差异。另外，村庄与城市的距离也影响其是否能够高效利用城市供排水体系，影响着供排水设施的选择。因此区位、地理环境和气候特征等自然环境和资源禀赋在一定程度上决定了村镇基础设施建设选择的优先程度，以及设施类型和技术选型。调研显示，广西C县地处夏热冬暖地区，夏季炎热多雨，改善村民生活卫生环境的重要措施就是改变当地厕所的形式，水冲式户用厕所的建设优先于其他基础设施的建设，目前其水冲式户用厕所的比例达到100%，使当地农村人居环境发生质的改变。

(3) 地方政策、政府治理水平

地方三级政府、相关部门间的协调，村民参与程度，以及创新的管理办法是影响基础设施配建的重要因素。政府治理能力体现在各级政府是否可以在克服自然条件和经济条件不足的情况下，县、镇、村三级政府以及各相关基础设施建设部门进行资源统筹，协调管理、互相配合，从而满足村民的需求。例如设置公共交通可以改善交通环境，从而很大程度提升教育、医疗、商业服务、金融邮电等设施的可达性，多部门的协调可以最大化提升单一基础设施利用效率；村民参与村内基础设施的规划、选择和建设，使基础设施的建设能够满足更广泛村民的需求，而不是政府部门的一厢情愿。在日常管理中，也充分调动村民积极性，村民自主维护村庄良好的生产生活环境。调研地区中贵州E县是农村土地改革试点县、全国农村社区建设示范单位，调研村民对便民服务机构的满意率达93%，对其他各类基础设施的满意度均在80%以上。

（4）适用的规划设计和建设施工技术

通用的村庄规划设计技术、本土适应性技术、适应村庄的低成本技术、绿色宜居技术是影响基础设施配建的重要因素。目前针对农村基础设施和公共服务设施建设更多的是参考城市配置方法，缺乏农村基础设施的配置标准。调研显示，部分农村的基础设施配建能够根据村民需要和自身的特点进行配置，例如采用生态水处理设施，垃圾就地资源化设施、垃圾收集信息化设施、节能路灯、太阳能热水、太阳能光伏联网发电设施等，使村民生活环境、便利性有所提升，但仍有大部分村庄缺乏适宜当地的技术选型手段与方法，无法支持当地各级政府进行合理统筹规划、建设和管理。另外，一些生态技术、新能源利用的策略和技术也需要考虑其地方适应性。

3.3 绿色宜居村镇基础设施建设体系

3.3.1 村镇基础设施开放共享模式构建

在中央乡村振兴战略的推动下，国家对村镇基础设施的建设随着社会、经济和环境的不同发展阶段，以及人民对美好生活的需求而不断调整和升级，提出阶段性要求和实施方案。2018年，中共中央、国务院相继印发了《乡村振兴战略规划（2018—2022年）》和《农村人居环境整治三年行动方案》，为实施乡村振兴战略作出阶段性谋划。在《乡村振兴战略规划（2018—2022年）》"第二十八章 加强农村基础设施建设"中指出要"加快补齐农村基础设施短板，促进城乡基础设施互联互通，推动农村基础设施提档升级"，在"第三十章 增加农村公共服务供给"中指出"逐步建立健全全民覆盖、普惠共享、城乡一体的基本公共服务体系，推进城乡基本公共服务均等化"。《农村人居环境整治提升三年行动方案》针对我国农村人居环境状况不平衡等问题，对不同地区推进农村基础设施建设和城乡基本公共服务均等化提出了差异化的行动方案。2021年和2022年，中共中央办公厅、国务院办公厅印发了《农村人居环境整治提升五年行动方案（2021—2025年）》和《乡村建设行动实施方案》继续深化农村基础设施和公共服务设施的建设和管理，指出"以普惠性、基础性、兜底性民生建设为重点，强化规划引领，统筹资源要素，动员各方力量，加强农村基础设施和公共服务体系建设，建立自下而上、村民自治、农民参与的实施机制"。

各相关部门在国家战略和要求的基础上，对基础设施和公共服务设施的建设和管理提出更为专业和具体的指导意见和实施指南。例如交通运输部对建制村通客车、水利部对农村供水工程规范化建设、国家发改委对污水资源化利用等做出了具体要求。

在以上政策和规划实施的基础上，制定相关法案，在制度上保障乡村振兴，以及村镇基础设施和公共服务设施的建设和管理。2021年为进一步推进乡村振兴战略，发布了《中华人民共和国乡村振兴促进法（草案）》，提出"第五十条　县级以上地方人民政府应当统筹规划、建设、管护……。第五十一条　国家逐步健全城乡一体、全民覆盖、均衡发展、普惠共享的基本公共服务体系……"

"统筹协调""互联互通""共享""均衡""均等化"等关键词作为指导我们进行城乡规划的基本原则，也为我们指出了一条实现城乡一体化的基本路径。首先，要实现普惠共享，全民覆盖，在国家政策的支持和推动下，满足最基本的需要；其次，要提档升级，根据不同的经济发展水平、自然环境等因素因地制宜地进行配建和升级；最终，要达到均等化，人人平等地享用各类基础设施。

"开放共享"，开放是路径，共享是结果。在农村基础设施规划建设时，采用开放共享的理念，建立开放共享的管理机制，是落实国家区域统筹，促进地方政府有效治理，从而解决由于经济、资源环境、治理能力和技术等因素所带来的问题的基本思路。因此，我们对开放共享的理解可以概括为在空间、时间、经济、技术、管理等方面进行统筹和均衡发展，要保基本、促提升，使资源集约化和效率最大化。

考虑到基础设施建设受经济发展、资源环境、治理能力和技术支撑等诸多因素影响，在中国自然、经济、文化和产业发展阶段多样的广大农村地区，基础设施的配建现状差异较大，开放共享的思路还应因地制宜，符合当地村镇居民的生产和生活需要。在进行村镇基础设施配建和管理中，需要考虑与以下四个方面的关联性关系：

首先，区域开放共享。统筹系统与局部的关系，针对村镇地域上的分散性，及经济发展和资源环境的不均衡，进行区域内和区域间资源统筹。村镇基础设施的建设主要在县域范围内进行统筹，根据县—镇—村间距离和人口规模，配置不同级别和规模的生活性基础设施和公共服务基础设施。例如陕西A县、广西C县，其家乡经济发展水平不高，本地可利用的资源优势也并不显著，道路、通信、供电等设施都需要县或县级以上政府进行统筹，建设资金基本由几级政府共同筹集，并投入技术进行建设。交通道路（主道硬化、宽度）、通信、供水、排水、能源（供电、天然气）等设施需要在县级以上区域进行统筹，通常由国家进行拨款或补贴；教育（小学）、公共卫生（垃圾）、金融邮电（物流配送）等设施由县级政府在县域内进行协调（表3.3-1）。

第3章 绿色宜居村镇基础设施配建标准

各类基础设施与区域开放共享关联性关系　　　表 3.3-1

	基础设施						公共服务设施					
	道路交通	供水	排水	能源	通信	公共卫生	教育	医疗	文化体育	商业服务	金融邮电	便民服务
县	○			○	○	○			○			
镇	○	○	○	○	○	○	○	○	○	○	○	
村	○	○	○	○	○	○	○	○	○	○	○	○

其次，阶段开放共享。满足需求与时间的匹配，考虑到经济发展和资源环境的变化，为避免技术和设施升级换代造成浪费，结合区域规划进行阶段性规划，使村镇生活性基础设施和公共服务基础设施既满足现阶段经济发展和技术水平的需要，又为未来的提升留有空间。阶段开放共享更多针对的是经济发展水平不高，本地可利用的资源并不显著的村庄，在资金不充足，本身资源欠缺，又缺乏更适应的技术时，这类村庄更多地采取长期—中期—短期相结合的规划方式，先建设一部分，或先建设简易的设施，例如供水、排水设施，可采取联村供水，或单村联户供水的方式，先保证供水安全，满足基本的需求为主；再如教育、商业服务、金融邮政等，多以满足目前需求为主，先解决现阶段的问题，未来进行不断的调整和升级（表3.3-2）。

各类基础设施与阶段开放共享关联性关系　　　表 3.3-2

	基础设施						公共服务设施					
	道路交通	供水	排水	能源	通信	公共卫生	教育	医疗	文化体育	商业服务	金融邮电	便民服务
长期	○	○	○	○	○	○	○	○	○	○	○	○
中期	○	○	○	○	○	○	○	○	○	○	○	○
短期	○	○	○	○	○	○	○	○	○	○	○	○

再次，技术开放共享。考虑适应性和成本的关系，针对目前缺乏

村镇适用的规划和建设技术的现状,加强区域经济协作,因地制宜,采用本土低成本、生态环保的基础设施进行统筹配置,用技术弥补经济发展和资源环境的不足。例如浙江宁波部分村庄采用生态水处理设施,垃圾就地资源化设施,贵州E县村庄垃圾收集信息化设施,调研村庄使用节能路灯、太阳能热水、太阳能光伏联网发电设施等,都以低成本、本地化的技术,取得了良好的效果(表3.3-3)。

各类基础设施与技术开放共享关联性关系　　表 3.3-3

	基础设施						公共服务设施				
	道路交通	供水	排水	能源	通信	公共卫生	教育	医疗	文化体育	商业服务	金融邮电	便民服务
通用技术	○	○	○		○							
本土适应	○	○	○	○		○						
低成本	○	○	○	○		○						
绿色	○		○	○		○						

最后,治理开放共享。这是做好区域、阶段和技术统筹协调的关键,对于解决经济、资源、技术和管理短板至关重要。针对村镇生活性基础设施和公共服务基础设施建设各自为战的现状,进行县—镇—村三级政府间的协调,相关规划建设和运营管理部门相互协调,有序规划基础设施建设,优选适宜技术,最大化单一设施的使用效率,使设施之间发挥互相促进的作用。同时积极促进村民参与,建立促进开放共享的有序化的创新管理机制。例如交通设施的配置可以缓解教育设施、医疗设施、商业服务设施和金融邮电设施的不足所产生的问题,室内外的活动场地可以根据村民需求共享使用。再如贵州E县三级政府设置了"新农办""综治办"进行专门的基础设施建设和管理上的统筹和协调;成

立"农村股份经济合作社",充分利用当地的旅游资源、茶叶种植资源等,从经济收入上提升;成立"寨管家、群众会",从提高村民参与度入手,提升管理效率;进行"一村一策"的规划手段,形成"一图一表一说明"的村庄设计,进行工匠培训等。有序化的创新治理机制使贵州E县村民对各项基础设施的满意度在80%以上(表3.3-4)。

各类基础设施与治理开放共享关联性关系　　　表3.3-4

	基础设施						公共服务设施					
	道路交通	供水	排水	能源	通信	公共卫生	教育	医疗	文化体育	商业服务	金融邮电	便民服务
三级政府协调	○	○	○	○		○	○	○	○	○		
部门间协调	○			○			○	○			○	
村民参与	○	○	○	○		○			○	○		○
创新管理	○	○	○			○		○	○	○		○

总体来说,从区域、阶段、治理和技术四个方面来进行统筹和协调,避免或缓解因经济发展、资源环境、治理能力和技术支撑等因素对农村基础设施建设的不利影响。具体思路如下:

区域开放共享,解决经济发展和资源环境欠缺带来的不利影响。各级政府间充分协调,考虑自然、经济环境的多样性,制定动态的发展计划,由治理能力的提升和经济上的协调来促进区域共享。

阶段开放共享,解决由于经济发展落后、资源配置不到位、技术水平不够等原因带来的不利影响,制定逐步改善的动态发展计划。通过经济水平提升和治理能力的提升来分步实施。

技术开放共享,解决适宜技术欠缺带来的不利影响。应从实际出发制定适宜的技术和手段,制定动态的发展计划。通过经济水平提升和治理能力的提升来促进技术优选。

治理开放共享,解决治理能力不足带来的不利影响,促进形成有效的协调机制、创新管理办法,并积极引导村民参与,从而促进资源合理利用,提升经济发展,解决技术暂时无法解决的问题(图3.3-1)。

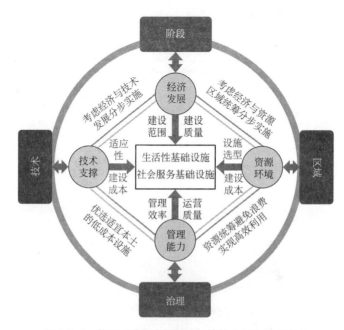

图 3.3-1 基于开放共享原则的村镇基础设施配建模式

3.3.2 基于开放共享理念的村镇基础设施配建体系

随着城镇化的进程,镇的建设大多依据城市的建设标准,而缺乏针对农村的基础设施配建标准和指标。本书将开放共享理念的配建思路融入基础设施配建指标的构建上,在区域、阶段、治理、设施和技术上充分体现,最大程度解决各项影响因素带来的不利影响。

本书提出的基础设施配建指标清单,主要依据目前颁布的明确针对乡村建设的法律法规、政策文件、标准规范和数据公报等构建指标框架,包括《中华人民共和国乡村振兴法(草案)》《乡村振兴战略规划(2018—2022)》《乡村建设行动实施方案》《农村人居环境整治提升五年行动方案（2021—2025年）》、近五年中央一号文件、《美丽乡村建设指南》GB/T 32000—2015、《美丽乡村建设评价》GB/T 37072—2018、《村庄整治技术标准》GB/T 50445—2019、《第三次全国农业普查主要数据公报（三）》、《第三次全国农业普查主要数据公报（四）》等文件和标准，采用文献综述法和频度分析法对上述政策、文件、标准，以及相关调研成果进行分析，将技术文件和政策文件中，提出3次以上的指标纳入指标框架。同时，结合调研和对未来趋势的判断进行筛选，加入道路宽度、停车场、雨水收集利用、数字信息化、职业教育等指标（表3.3-5）。

农村基础设施配建指标（初选）　　　　表3.3-5

			标准规范			政策文件		
		指标	美丽乡村建设指南 GB/T 32000—2015	美丽乡村建设评价 GB/T 37072—2018	村庄整治技术标准 GB/T 50445—2019	乡村振兴战略规划（2018—2022）	近五年中央一号文件	乡村建设行动实施方案
生活性基础设施	交通	道路硬化	■	■	■	■	■	■
		铺装材料	■	■	■			
		道路宽度			■	■		■
		道路路灯	■	■	■		■	
		交通设施			■			
		公共交通（客运站点）	■	■		■	■	■
		停车场	■		■			
	供水	供水设施（包括水源、给水方式、给水处理工艺、设备设施和配水管道）	■		■	■	■	■
		供水水源	■	■	■			
		供水水压	■		■			
		生活饮用水水量	■		■			
		饮用水安全覆盖率		■				

续表

	指标	标准规范			政策文件		
		美丽乡村建设指南 GB/T 32000—2015	美丽乡村建设评价 GB/T 37072—2018	村庄整治技术标准 GB/T 50445—2019	乡村振兴战略规划（2018—2022）	近五年中央一号文件	乡村建设行动实施方案
生活性基础设施	排水						
	污水收集处理设施/处理方式	■	■	■	■	■	■
	污水管网		■	■	■		
	生态污水处理设施		■	■			
	污水处理率	■	■	■		■	
	户用卫生厕所普及率	■	■	■	■	■	■
	粪污无害化处理与资源化利用		■		■	■	■
	雨水收集与利用		■				
	通信						
	互联网		■		■	■	■
	有线电视/数字广播电视	■	■		■		■
	移动电话	■	■		■		■
	数字信息化（天基设施）					■	■
	能源						
	清洁能源使用	■	■		■	■	
	可再生能源使用	■			■		
	供电设施	■	■	■	■		
	供电质量	■	■	■	■		
	公共卫生						
	垃圾收运处置体系	■	■	■	■	■	■
	生活垃圾分类回收		■		■	■	■
	生活垃圾无害化处理率/资源化利用	■	■	■	■	■	■
	卫生公厕拥有率/公厕管护	■	■	■	■	■	■
	应对气候变化						
	消防设施	■		■			■
	防洪设施		■	■			■
	避灾疏散场所	■		■			■

续表

	指标	标准规范			政策文件		
		美丽乡村建设指南 GB/T 32000—2015	美丽乡村建设评价 GB/T 37072—2018	村庄整治技术标准 GB/T 50445—2019	乡村振兴战略规划（2018—2022）	近五年中央一号文件	乡村建设行动实施方案
公共服务基础设施	教育 幼儿园建设	■	■		■	■	■
	教育 中小学校建设	■	■		■		■
	教育 职业教育		■		■		■
	医疗 村卫生室（所、站）	■	■		■		■
	医疗 村卫生室人员		■				■
	文化体育 综合性文化服务中心	■	■	■	■	■	■
	文化体育 室外公共活动场所/健身场所	■	■	■	■	■	■
	文化体育 无障碍设施/公共照明			■			
	商业服务 商业服务设施（综合商店或超市、有营业执照的餐馆）	■	■			■	■
	商业服务 商业网点信息化					■	■
	金融邮电 物流配送网点			■	■	■	
	金融邮电 金融综合服务站/信息化				■	■	
	便民机构 便民服务机构	■	■		■	■	■
	便民机构 养老服务		■		■	■	■

综合比对各项基础设施分项，根据《村庄整治技术标准》GB/T 50445—2019对相关基础设施的定义，结合实际调研和国外先进经验所反映出的需要重点建设的基础设施，对初选指标进行优化和凝练，确定12项34个分项的农村基础设施配建指标清单，具体调整如下：

道路交通设施中，将对铺装材料的要求纳入道路硬化指标中，对道路铺设进行规定，对交通设施的要求主要考虑公共交通设施设置，纳入公共交通中；

| 道路硬化 |
| 铺装材料 |
| 道路宽度 |
| 道路路灯 |
| 交通设施 |
| 公共交通（客运站点） |
| 停车场 |

→

| 道路硬化 |
| 道路宽度 |
| 道路路灯 |
| 公共交通 |
| 停车场 |

《村庄整治技术标准》GB/T 50445—2019中规定："村庄给水设施整治应包括水源、给水方式、给水处理工艺、现有设备设施和输配水管道的整治。"本书指标框架将供水水源，以及对水压和水量的要求纳入"供水设施"的具体指标中。

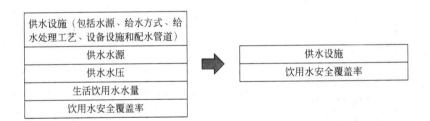

《村庄整治技术标准》GB/T 50445—2019中规定："村庄排水设施整治包括确定排放标准、整治排水收集系统、雨水控制与利用和生活污水处理设施，"本书指标框架将污水管网、生态污水处理设施、污水处理率、粪污无害化处理与资源化利用纳入"污水收集处理设施"的具体指标中。

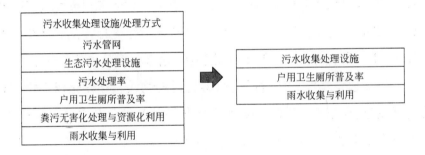

在公共卫生中，有关垃圾收集、处理相关的指标，如对生活垃圾分类回收、生活垃圾无害化处理和资源化利用等要求，均纳入"垃圾收运处理设施"中。

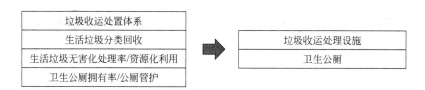

在文化体育设施中，将对无障碍设施的具体要求纳入室外公共活动场所/健身场所中。

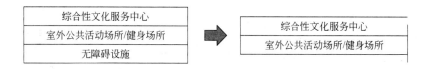

根据实际调研和国外经验，商业服务、金融服务和物流服务往往相互关联，不可分割，为村民提供综合性服务。同时通过调研，农村地区更倾向于建设这类一站式的、可以场地共享、信息共享的综合服务中心。因此将对综合商店或超市、餐馆等商业服务设施，金融综合服务和物流收寄网点的设置及数字信息化要求等纳入综合服务设施。

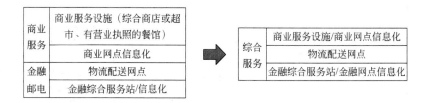

3.3.3 绿色宜居村镇基础设施配建指标清单

在具体指标设置上，基于开放共享原则的配建模式，根据对国家政策、文件和标准的梳理，结合调研数据和文献对基础设施现状和影响要素的分析，采取定性与定量指标相结合，过程性与结论性指标相结合的方式，形成开放共享模式下的绿色宜居村镇基础设施配建分级指标清单（表3.3-6）。

绿色宜居村镇基础设施配建指标清单　　　　　表 3.3-6

指标		基础类	改善类	提升类
道路交通	道路硬化	□村主要道路面硬化率达90%	□村主要道路路面硬化率100% □完成村内大部分次要、宅间道路建设，根据当地情况采用透水性能材料铺设	□完成村内全部次要、宅间道路建设，根据当地情况采用透水性能材料铺设
	道路宽度	□主要道路路面宽度不宜小于4m，路肩宽度可采用0.25～0.75m，可按规定要求设置错车道 □次要道路路面宽度不宜小于2.5m，路肩宽度可采用0.25～0.5m □宅间道路路面宽度不宜大于2.5m	□根据当地经济发展、产业需要和村民生活需要，对窄路基或窄路面路段加宽改建，符合次要道路和宅间道路通机动车的需要；可对主要道路适当加宽，满足当地产业发展需求	
	道路路灯	□村主要道路设置路灯，并进行管理维护	□村次要道路和宅间道路设置路灯 □部分使用节能灯具、太阳能路灯或风光互补路灯，并进行管理维护	□照明路灯全部使用节能灯具、太阳能路灯或风光互补路灯，并进行管理维护
	公共交通	□建制村通客车 □科学合理设置停靠站点	□建立县、镇、村公交系统 □配置简单公交设施（站名、站牌、简单路线表）	□建立县、镇、村公交系统，实现城乡交通运输一体化 □配置全面公交设施（遮阳避雨设施、站名、站牌、路线图、班次时间表）
	停车场	□根据当地经济发展和产业需要，设置满足需要的公共停车场（位）		
供水	供水设施	村镇共享：城镇供水管网 村村共享：联村、联片集中供水 单村共享：单村集中供水，联户供水		

续表

指标		基础类	改善类	提升类
供水	供水设施	□采取适宜方式对水源进行保护 □生活饮用水水量不低于40L/（人·日），水压、水量基本满足日常生活需要 □采用节水设施	□有条件的地区实现集中供水 □水压、水量完全满足日常生活需要	□有条件的地区实现城乡区域供水一体化
	饮用水安全覆盖率	□不低于90%，建立水质检测、监测、监管制度	□100%，有效开展实施水质检测、监测、监管制度	
排水	污水收集处理设施	村镇共享：城镇污水管网 村村共享：联村、联片收集处理，共享污水处理场/站 单村共享：单村、联户或单户收集处理 □污水收集设施较完善，污水收集较完全 □生活污水处理农户覆盖率≥70% □粪污无害化处理	□污水收集设施完善，污水完全收集 □采用生态污水处理设施	□构建粪污利用城乡一体化处理体系 □就地就近就农资源化利用
	户用卫厕普及率	□≥80%	□100% □水冲式厕所采用节水型、少水型水冲设施	
	雨水收集与利用	—	□利用现有低洼地形等进行雨水控制与利用	□有条件的地区污水管网实现雨污分离
通信	互联网	□信号基本通畅	□宽带用户接入能力达100Mbps □信号清晰通畅	□有条件的地区推动千兆光网、第五代移动通信（5G）、移动物联网等数字基础设施 □有条件地区建设遥感卫星等天基设施
	有线电视（数字广播电视）	□信号基本通畅	□信号清晰通畅，数字广播电视户户通	
	移动电话	□信号基本通畅	□信号清晰通畅	
	数字信息化	—		□基于互联网推进智慧交通、智能电网、智慧物流、文化资源数字化、教育信息化、医疗服务信息化、金融服务信息化、村级综合服务信息化、农村人居环境智能监测体系的建设

续表

指标		基础类	改善类	提升类
能源	清洁能源使用	□减少秸秆和薪柴的直接使用，北方农村冬季供暖应采用清洁能源替代煤炭 □使用清洁能源的农户比例≥70%	□有条件的地区，可设置乡村储气罐站和建设微管网供气系统 □使用清洁能源的农户比例≥80%	
	可再生能源使用	□因地制宜利用太阳能、风能等 □生物质能宜采用清洁化、资源化利用方式	□有条件的村庄，采用村级能源互联网利用技术，实现源、网、荷、储智慧协调运行 □在条件适宜地区建设多能互补的分布式低碳综合能源网络	
	供电设施供电质量	□供电保证率较高，能满足基本生产生活需要	□供电保证率高，能完全满足基本生产生活需要	
公共卫生	垃圾收运处理设施	□合理配置垃圾集中收集点，配备垃圾清运工具 □生活垃圾无害化处理率≥80%	□垃圾就地分类回收，设置分类垃圾桶 □生活垃圾无害化处理率达90%以上 □就地就近就农资源化利用	□有条件的地区实现城乡一体的生活垃圾管理系统 □生活垃圾无害化处理率达100%
	卫生公厕	□根据当地人口规模和产业需要进行设置，≥1座/600户	□根据当地人口规模和产业需要进行设置，≥1座/500户，公厕设施齐全完好	
应对气候变化	消防设施	□应设置消防站（点），配备全部消防装备 □消防车通道宽度不宜小于4m □应设置火警电话和值班人员，应与上一级消防站（点）、邻近地区消防站（点），以及供水、供电、供气、义务消防组织等部门建立消防通信联网 □采用消防、生产、生活合一的供水系统 □建立消防安全管理制度		
	防洪设施	□结合当地江河走向、地势和农田水利设施布置泄洪沟、防洪（潮）堤和蓄洪库等防洪设施 □位于泛洪区和蓄滞洪区内的村庄，应设置具有避洪、救灾功能的各种建筑物 □修建围埝、安全庄台、避水台等就地避洪安全设施		
	避灾疏散场所	□村庄道路出入口数量不宜少于2个，村庄与出入口相连的主干道路有效宽度不小于7m □避灾疏散场地应与村庄内部公共空间、绿地空旷地或其他建设用地相结合，避灾疏散场所内外的主要通道有效宽度不宜小于4m，至少有1处具备临时供电、供水等必备生活条件并符合卫生要求的疏散场地		
教育	幼儿园	□大村独立建园或设乡镇中心园分园，小村联合办园，建立县、镇/乡、村学前教育公共服务网络 □托儿所、幼儿园的服务半径宜为300~500m		

续表

指标		基础类	改善类	提升类
教育	小学、中学	□根据村庄的人口规模和区位，设置乡村小规模学校、乡村完全小学或乡镇寄宿制学校，符合相关建设标准 □乡村小规模学校、乡村完全小学的布局均匀，路途时间不超过半个小时 □学校周边设置公共交通站点，或采取适宜的方式保证学生可方便、快捷到达学校		
	职业教育	—	利用室内外公共活动场所，开展就业技能培训	
医疗	村卫生室（所、站）	□建筑面积达60m² □设施配备基本满足卫生室功能任务需求	□建筑面积达70m² □设施配备充分满足卫生室功能任务需求	
	村卫生室人员	□按照不低于1名/1500人的比例配备或符合省级卫生行政部门制定的标准（参考高配）	□按照不低于1名/1000人的比例配备或符合省级卫生行政部门制定的标准（参考高配）	
文化体育	综合性文化服务中心	□有共享的室内文化活动室，包括老年活动室、儿童活动室、图书室、展览室等	□有独立或部分独立的室内文化活动室，包括老年活动室、儿童活动室、图书室、展览室等	
	室外公共活动场所	□有共享的室外文化体育活动场所，包括戏台、剧场等 □健身器材基本满足村民需要 □公共活动场所应增设无障碍设施	□有独立或部分独立的室外文化活动场所，包括戏台、剧场、非物质文化遗产传承和展示空间等公共活动场所 □健身器材完全满足村民需要 □配备儿童游玩设施	
综合服务	商业服务设施/商业网点信息化	□有综合商店或超市，能基本满足村民日常生产生活需要	□有50m²以上的综合商店或超市 □根据村庄生产生活需求，配套有营业执照的餐馆 □实现线上线下相结合，网上代购代收新型服务功能	□商业网点的服务充分满足村民日常生产生活需要，建立"一站式"便利消费、代购代收网络
	物流配送网点	□建制村实现物流配送网点全覆盖	□具备条件的自然村基本实现物流配送网点全覆盖	□实现交通运输与物流配送的融合 □自然村基本实现物流配送网点全覆盖

续表

指标		基础类	改善类	提升类
综合服务	金融综合服务站/金融网点信息化	□能够满足基本的金融服务需求，如存款、取款、缴费等	□能够充分满足金融服务需求，如贷款、融资等，并与其他相关金融服务相结合，如社保查询、缴费与领取等	
便民机构	便民服务机构	□便民综合服务设施不低于30m²/百户，能够提供全面的便民服务项目，推行全面标准化管理		
	养老服务设施	□根据当地传统风俗和村民需要，建立多种形式的养老服务设施，如日间照料中心、托老所等		

绿色宜居村镇基础设施配建分级指标清单对于开放共享理念的体现如下：

在区域开放共享上，根据村庄区位不同分为村镇共享、村村共享、单村共享的不同类型，旨在对不同村庄进行分类指导。村镇共享是指在城市或县、镇周边的村庄，有条件与城市形成一体化基础设施配套的村庄；村村共享是指离城市较远，但相对集中的若干村庄，部分基础设施实现村间的共享；单村共享是指较分散的村庄，部分基础设施实现村内户间的共享（图3.3-2）。

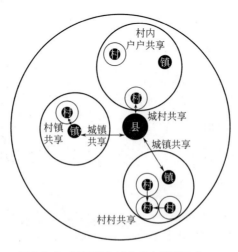

图3.3-2　不同区位村庄共享类型示意

在阶段开放共享上，考虑到经济、治理能力、技术等因素的不同发展阶段，指标清单采取动态匹配的分级设置方式，分为基础类、改善类和提升类。

基础类，实现全民覆盖，普惠共享。在国家政策的支持和推动下，以满足村民基本生活需要的生活性基础设施和公共服务设施为主，重点达到现行规划和建设标准对基础设施的底线规定。主要参考国家标准、规范和国家相关部委文件，包括道路硬化、公共交通、饮用水安全、污水处理、防灾减灾、教育、医疗、便民服务等保障村民生产生活安全、健康、获取基本服务的基础设施。

改善类，以已有基础设施为基础，以当地的经济发展水平、社会服务水平、文化传统习惯、自然资源环境和村民需求为导向，提升相应的规划和建设标准。主要参考调研数据和部分省、市、地区的地方标准，包括有条件的地区建立公交系统，实现集中供水、垃圾分类，完善村医疗设施，形成独立的文化活动场所，配置综合的商业和金融服务设施等，改善村民生产生活环境和便利性的基础设施。

提升类，以建设高质量的农村人居环境为主，重点达到国家中长期战略规划对农村基础设施建设水平的要求。主要参考国家的长期战略规划，基础设施配建水平较高的省、市、地区标准，以及国外先进经验进行制定，包括有条件的地区在基础设施建设过程中对环保材料的运用，城乡一体化的交通运输系统、供排水系统、垃圾收运和处理系统，以及数字基础设施的建立，"一站式"的商业和金融服务设施等，能够满足农民群众对美好生活向往，人人均等享用各类基础设施，并促进实现农业农村现代化要求的基础设施（图3.3-3）。

在治理开放共享上，引导不同基础设施在建设、投资、运维、监管、使用主体不同的情况下，各级政府（市级或更广泛区域、县级、镇级、村级）统筹协调、创新治理，进行有序化管理。包括对路灯、

图 3.3-3　阶段开放共享理念的体现

水质、垃圾处理、消防等提出管理、维护、监督到位等建设和管理要求，对公共交通、供水、排水、小学、文化体育设施等提出一体化处理、共享建设等统筹规划，协调管理的要求。

在技术开放共享上，鼓励在选用标准化通用技术的基础上，充分筛选和优化利用本土的、低成本的、绿色的设施与技术，实现就地就近就农的资源化利用，实现生态环保的无害化处理，包括对透水性道路铺设材料、节能路灯、生态污水处理、雨污分流、清洁能源使用、垃圾无害化处理、无障碍设施使用等的要求。

农村的生活性基础设施和公共服务设施的配建和调整不能照搬城市的标准，面对社会经济发展、地理位置、气候特点、地形地貌、文化习俗更加多样的农村，应当充分了解当地不同群体村民的真实需求，着力提升当地政府的治理水平，这才是逐步改善基础设施建设和服务水平，提升村民满意度的有效方法。绿色宜居村镇基础设施配建指标清单的制定，可以指导不同村庄针对从"补短板"到"促提升"的差异性需求进行建设，推动村镇基础设施建设由传统粗放向科学有序转变。同时，也为地方政府、技术支持单位等提供支持，引导建立有序化的基础设施配建体系和创新管理机制，为绿色宜居村镇基础设施建设提供科学的技术路径（图3.3-4）。

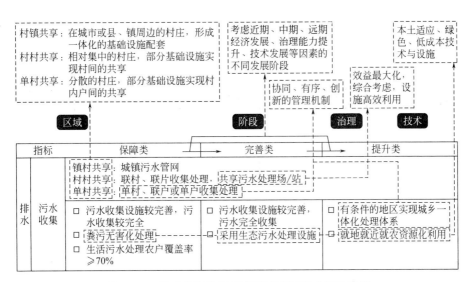

图 3.3-4 基础设施配建指标清单体现开放共享的示例

第4章　绿色宜居村镇能源基础设施技术体系

4.1　村镇能源基础设施建设现状

4.1.1　村镇能源供给与消费结构现状

随着全面建成小康社会和脱贫攻坚工作的大力开展，农村地区生活水平得到大幅提高，家电设备拥有量增加，对室内舒适度需求提升，进而对能源的需求增加。生活水平的提高必然带来能耗增加，调研显示[6]，2019年我国农村能耗占全国建筑总能耗的22%，用电量3054亿kWh，商品能耗2.22亿tce，一次能耗强度1527kgce/户。2008～2019年的农村地区能耗总量和强度变化如图4.1-1所示，可以看出，户均商品能耗缓慢增加，在农村人口和户数缓慢减少的情况下，农村商品能

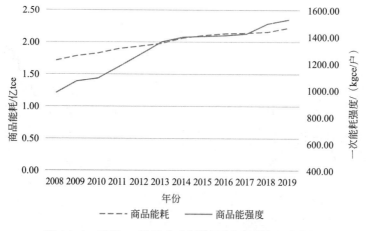

图 4.1-1　2008～2019年农村地区能耗总量和强度变化
（数据来源：《中国建筑节能年度发展研究报告2021》）

耗基本稳定。

我国村镇主要能源消费种类包括电力、天然气、液化石油气、煤炭等商品能源，以及太阳能、生物质能、风能、水能等可再生能源（图4.1-2），用于冬季供暖、夏季制冷、炊事、生活热水、生活用电等。近年来，在国家陆续出台多份清洁能源助推乡村振兴文件的指导下，村镇地区大力加强电网建设，推进清洁能源应用。《中国农村统计年鉴2021》数据显示，截至2020年底，全国农村户用沼气池3007.7万户，沼气工程93481处，太阳能热水器8420.7万m^2，太阳房1822.3万m^2，太阳灶1706244台。可再生能源发电量也不断增加，据统计，2020年我国太阳能发电量达1421亿kWh[7]，生物质发电累计装机量为3319.3万kW，农村小型风力发电累计装机20.7万台（装机容量达到65720.38kW）。虽然清洁能源供给能力不断提升，但目前清洁能源仅占农村能源消费总量的24%左右[8]，清洁能源利用潜力还有待进一步挖掘。

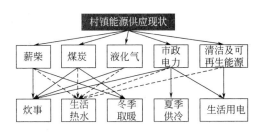

图 4.1-2　我国村镇能源供应流程现状

4.1.2　村镇能源基础设施技术应用现状

在清洁能源政策的助推下，村镇能源基础设施由传统能源逐步向清洁能源基础设施转变，涵盖太阳能、生物质能、风能、天然气等多种能源种类，主要划分为分布式和户用技术两大类型，技术应用形式多样。

（1）太阳能利用技术

我国村镇地区太阳能利用技术主要包括太阳能光伏发电、太阳能热水器、太阳灶三种形式。

太阳能光伏发电：农村太阳能光伏发电项目按照安装位置，可划分为利用农村闲散土地、利用农村屋顶等形式。农村多是独家独院，屋顶产权明确，在屋顶建设光伏电站，不占用大面积土地，为太阳能光伏发电技术应用创造了很好的条件。2021年9月，国家能源局综合司公布整县（市、区）屋顶分布式光伏开发试点名单，各省（自治区、直辖市）及新疆生产建设兵团共报送试点县（市、区）676个，试点要求农村居民屋顶总面积可安装光伏发电比例不低于20%。以山东省某"特色光伏小镇"项目为例（图4.1-3）。该项目于2016年底启动，采用集中式农光互补项目、村级光伏电站、家庭分布式光伏电站形成立体化建设模式。其中，占地1100亩的新能源40MW农光互补项目，充分利用大沙河废弃河道开展新能源布局，可实现持续运营25年，提供清洁电能12.5亿kWh。目前，56个村级光伏电站全部实现并网发电，平均年收益6万元/户～9万元/户，项目运行25年可增加村集体收入9800余万元，用于各项村公益支出。户用小型屋顶光伏的面积大多在80～300m^2，发电功率以3～5kW为主。以5kW屋顶太阳能光伏发电项目为例，1户5kW以上的发电站建设成本约为3万～5万元。以太阳峰值日照时数为参考，平均每天有效日照时数4h，全年发电小时数约为1500h，单户光伏装机总容量5.2kW，年发电为7300kWh左右。农户年发电的收益为2700元左右，按此收益5～6年收回投资成本（图4.1-3）。

图4.1-3　济南市商河县怀仁镇的"特色光伏小镇"项目

太阳能热水器：根据规模可划分为户用太阳能热水器和集中式太阳能热水系统。我国村镇太阳能热水器大多为户用太阳能热水系统，服务规模一般在每户人口3～5人，普通户用太阳能热水集热器面积为2～5m^2，储水量约在100～250L。太阳能热水器与电热水器、燃气热水器供应生活热水相比，可以实现全自动静态运行，无需专人看管、无噪声、无污染、无漏电、失火、中毒等危险，具有明显的经济性优势。从经济效益看，太阳能热水器技术是我国现阶段最大的能源替代技术。根据相关文献，100m^{2}的太阳能热水器一年可节约标煤（热值为29380kJ/kg）量为18.5t。集中式的太阳能热水器供给生活热水的方式在村镇应用较少，并且其规模与建筑物本身的建筑面积密切相关，主要用于城市郊区及发达地区的农村、乡镇。

太阳灶：太阳灶是一种利用太阳能辐射，通过聚光等形式获取热量，对食物进行加热，进行炊事及烹饪食物等的装置。从太阳灶的规模看，其利用形式仍然以户用为主，单灶的灶面约1～4m^2，大规模群体性的应用在村镇不常见。根据相关文献推测，灶面1.5m^{2}的太阳灶年均产生热量1.19×10^3MJ，相当于消耗203kg标准煤产生的热量（标准煤的热值29.307MJ，热效率20%）。目前应用最广泛的是聚光式太阳灶，利用镜面反射汇聚阳光（图4.1-4），效率明显提高。全国农村地区太阳灶拥有量呈现出明显"西多东少"的趋势。2020年甘肃农村太阳

图 4.1-4　聚光式太阳灶

灶拥有量为87.05万台，占全国农村总拥有量的51%，居全国之首；青海、西藏、陕西农村太阳灶拥有量则分别位居2～4位。

（2）生物质能利用技术

生物质是重要的清洁能源，尤其是在生物质资源丰富的村镇地区，可通过高效收集秸秆等生物质资源，采取生物质清洁供热、生物天然气、生物质发电、生物质液体燃料等技术利用形式，满足村镇生产生活用热、用气、用电等需要。

生物质清洁供热：主要供热方式有生物质锅炉集中供热、户用生物质颗粒炉具等。生物质锅炉使用的燃料是生物质颗粒（秸秆、稻草、稻壳、花生壳、玉米芯等及"三剩物"加工生产的块状环保新能源），村镇用小型生物质锅炉负荷大约在1～10t（0.7～7MW），大部分在2t以下，热效率在70%～85%，比传统的燃煤锅炉热效率要高。生物质锅炉使用的生物质燃料纤维素含量高，为70%左右，硫含量大大低于煤，燃料密度大，便于贮存和运输；产品形状规格多，利用范围广，热值与中质煤相当，燃烧速度比煤快11%以上，燃烧充分、黑烟少、灰分低、环保卫生；另在采取配套的脱硫除尘装置后，大气污染物排放种类少、浓度低。生物质锅炉主要用于城镇周边地区，2021年，黑龙江省海伦市已经在3个乡镇，35万m^2集中供暖，全市中小学、幼儿园11万m^2的供暖全部更换为秸秆生物质锅炉，秸秆利用达到84万t。居民取暖不但干净方便而且比原来用煤节省一半的费用，生物质锅炉如图4.1-5所示。

生物质成型燃料在部分农村地区也采用分散式的"一村一厂"代加工模式（图4.1-6），并用燃烧效率高、污染物排放低的户用生物质颗粒炉具对传统供暖设备进行替代。生物质成型颗粒+户用生物质颗粒炉具炊事炉效率高，一般家庭每天只需4～5kg生物质成型颗粒燃料即可满足日常需要，改善了农家的生活条件，使农户能保持干净卫生的环境。在广大农村推广可以减少90%的烟尘排放量，使空气得到净化，具有显著的环境效益。从颗粒加工成型的规模看，村镇用生物质颗粒加工设备大多为传统秸秆压块机。户用压块机功率大多在15～50kW，每小时加工生物质的量约在0.1～0.5t，单台生物质加工机的价格根据容量从1万余元到十几万元不等。

图 4.1-5　某生物质锅炉

图 4.1-6　生物质颗粒加工厂和户用生物质颗粒炉具

生物质天然气：沼气是由畜禽粪便、作物秸秆等有机物在一定条件下经微生物厌氧发酵产生的气体，该技术复杂性较低，原料来源广泛，可实现产业化发展，因此成为国家重点发展的生物质能技术之一。近年来农村规模化养殖发展十分迅猛，养殖场数量大幅度增加，这也为沼气工程应用提供了条件，同时也有助于解决养殖场粪便污染和处理利用问题。据统计，2019年，我国农村户用沼气池数量最多的地区为四川，数量为533.1万户，其次为广西，户用沼气池数量为390.0万户；沼气工程数量最多的地区为湖南，数量为2.02万个；其次为湖北，农村沼气工程数量为0.89万个。从规模上看，户用沼气池的建池体积一般是8~10m³，一年可产生沼气380~450m³，能够满足3~5口人的农户10~12个月的生活燃料需求，年户均可节省柴草2000kg以上，节约电200kWh左右[9]。大型集中沼气池，一般以村或者镇为单位集中供气，目前各地已有很多应用案例，如浙江省开化县利用垃圾和废水建设村级沼气池，总池容1100m³，设计供气户数80~100户。河南省安阳县白璧镇东街村利用秸秆厌氧发酵技术制取沼气，年消耗秸秆450t，年产沼气18.40万m³，供气户数560户。北京市夏村沼气集气供气工程，以畜禽粪便、农作物秸秆制沼气，实际供气用户821户，已连续供气3年，取得了很好的效益。秸秆厌氧发酵技术制取沼气如图4.1-7所示。

图 4.1-7　秸秆厌氧发酵技术制取沼气

生物质热解气化站：生物质气化的原料大多以秸秆等农作物为主，生物质气化应用的规模很灵活，气化生产的燃气可根据当地的实际情况满足不同的需要，如既可以建设小型发电站，也可以作为居民生活燃气，甚至可作为供热、工业窑炉的燃料等。根据文献测算，建设一座储气能力为500m³的生物质气化站，毛利率为26.35%，一年可节约标煤331t。以位于山东临沂市郯城县李庄镇诸葛店村的秸秆热解气化站为例，该站采用秸秆气化集中供气技术，气化机组为下吸式秸秆气化炉，主要原料为玉米芯，气化站提供的工程验收检测数据表明，燃气热值为5500kJ/m³，灶前燃气焦油含量低于10mg/Nm³，实际供气300户，年总用气量3.833×10^5m³，户均用气量约3.5m³/d，燃气收费价格为0.35元/m³，燃气成本为0.53元/m³，年燃气销售收入13.42万元。该技术的初期投入高，且对工艺实施、操作要求高，在村镇小康住宅中实施时，不适宜单户应用，主要以多户目标下生物质集中供气形式为主。

生物质发电：主要包括生物质直燃发电技术、生物质气化发电技术和沼气发电技术等。据《3060零碳生物质能潜力蓝皮书》统计，截至2020年底，我国已投产生物质发电并网装机容量2952万kW，年提供的清洁电力超过1100亿kWh。但目前生物质发电设备规模小、参数较低，与进口设备相比发电效率存在较大差距。我国目前90%的生物质发电项目集中在长江以北，尤其是山东、江苏、安徽、黑龙江、河南等地，主要以北方的玉米秸秆为原料，兼有少量其他废弃物。生物质发电厂面临的主要挑战是降低原料成本、提高技术装备水平和能效及改善盈利状况。

生物质液体燃料：生物质液体燃料是指把生物质以发酵提纯或者生化合成的方式制造成乙醇或油类等液体燃料，目前主要包括生物柴油、生物乙醇等。根据统计，2019年全国生物液体燃料年产量约404万t。其中，生物燃料乙醇的年产量约284万t，生物柴油产量约120万t。以此测算，目前生物液体燃料碳减排量约为1000万t。生物液体燃料的生产成本较高，是制约发展的重要原因，根据调研和测算，目前燃料乙醇和生物柴油的成本在6000元/t左右，在市场上还不具备竞争力，但是其成本仍低于氢能成本。如果未来以秸秆为原料的二代燃料乙醇能够实现技术突破，预计成本将会降低40%左右，届时将会有大的发展空间。

（3）风能利用技术

村镇住宅中，小风电是风能利用的主要形式。目前我国农村小型风力发电主要用于解决偏远地区农、牧、渔民生活、生产用能。该技术需要考虑当地的风能情况，在风速不低于3m/s，同时风功率密度偏大、面积占比较大的地区使用。从地域适用性看，凡是风力资源较好（年平均风速大于4m/s，没有台风灾害）、电网不能到达或供电不足的牧区、农区、湖区、滩涂、边远哨所等地区，都比较适合开展小型风力发电机的推广应用工作。目前农村小型风电的单机功率在50kW以下，我国的小型风电机组技术已经处于成熟阶段，尤其是5kW以下的小型风力发电机组技术，采用的直驱式风力发电机组结构简单紧凑，大幅提高了整机的可靠性，机组的可利用率高，因而机组发电量提高。小型风电机组的故障率很低，因此运行成本以及维修维护费都很低。在电量不够充足的偏远地区，约上百万的居民利用风能实现了家庭电气化，生活质量明显提高。

（4）天然气利用技术

推进农村"煤改气"工作，有利于区域能源结构加快调整。农村天然气利用主要包括天然气管道、燃气灶具、燃气供暖热水炉/天然气壁挂炉，用于农村居民炊事和供暖。一般农村居民供暖末端为散热器，各个房间能够根据需求随意设定舒适温度，也可根据需要决定某个房间单独关闭供暖。燃气壁挂炉的热效率高，耗费气源少，工作效率可达90%以上，相对于用电或者其他方式供暖，燃气供暖可以节约30%～40%的效能，节能效果显著。

（5）空气源热泵

空气源热泵作为一种高效、节能、污染小的设备，在冬季主要的作用是制取热水或者热风为房间供暖。以室外低温空气作为低位热源，以制冷剂工质为媒介，通过消耗少量电能，将热量从低温环境转移到高温环境中。节能家电领域的成熟产品如空气源热泵热水器、空气源热泵地暖、空气源热泵散热器等近几年在城市迅速发展。加之全国治理大气污染加速，淘汰燃煤锅炉进程加快，以及全国峰谷电价政策的实施，更是让空气源热泵供暖迎来了发展的黄金时期。

空气源热泵热水器是电热水器能耗的四分之一，但是在冬季寒冷地区热泵的能效只有电热水器的2倍左右，相对于电热水器而言还是节能的。虽然南北方围护结构的差异、室外温度及相对湿度的差异、居住者习惯、化霜控制等对于机组运行经济性有很大影响，但空气源热泵仍比燃气壁挂炉和电供暖供热经济节能，节省15%～70%的运行费用，不论是替代燃煤锅炉集中供暖还是独立用户供暖，都是节能环保的优选方案。

（6）型煤炉具

型煤是通过使用添加剂，将不同性能的煤种加以组合掺配，使黏结性指数、着火点、灰分、灰熔点、硫分、固定碳、挥发分以及发热量等指标得到改善，增加煤的反应活性、易燃性、热稳定性，提高灰熔点，生产出各项指标满足客户要求的优质产品。型煤代替传统煤炭可以提高燃烧效率，减少能源浪费，作为中国民用型煤主体的蜂窝煤，配以先进炉具，热效率比烧散煤高1倍。在各种洁净煤技术中，工业型煤的能量转化率最高，达97.5%，远远大于其他技术。型煤产品粒度较大，可以保证燃烧时所需的空隙，燃烧效率较高，同时露煤量较少，与燃烧原煤相比，节煤15%～20%。清洁型煤取暖（炊事）与其他清洁能源取暖（炊事）方式相比成本相对较低，供应保障相对稳定，是天然气、电能等清洁能源取暖暂时难以推广使用的边远山区和经济条件相对薄弱的农村地区过渡替代散烧煤取暖的方式。

综上，我国村镇能源利用技术形式多样，并且受资源条件、地理位置、经济条件的影响较大，在实际应用中存在着技术选用盲目、适应性不足等问题,亟须标准化、系统化指导。

4.2 村镇清洁能源分布和划分

4.2.1 村镇清洁能源分布

我国村镇地区资源丰富,尤其是太阳能、生物质能、风能具备利用优势,由于我国地大物博,因此各地区在资源分布上也存在一定的差异性。充分了解和挖掘本地资源应用潜力,是建设村镇能源基础设施的前提。

（1）太阳能

我国有着丰富的太阳能资源,全国陆地表面每年接收到的太阳辐射能理论储量约为50×10^{18}kJ,相当于1.7万亿吨标煤,年太阳能总辐射量超过4190MJ/m^2,全国2/3区域年日照小时数超过2200h,总体呈"高原大于平原、西部干燥区大于东部湿润区"的分布特点。其中,青藏高原最为丰富,年总辐射量超过1800kWh/m^2,部分地区甚至超过2000kWh/m^2。四川盆地资源相对较低,存在低于1000kWh/m^2的区域。根据《太阳能资源评估方法》QX/T 89—008,在对当地的太阳能资源进行评估时,应根据当地的日照情况,通过长期气象观测和地表辐射观测,计算出地表总辐射区域内的太阳能资源量。太阳能的丰富程度是太阳能资源潜力评估的主要指标。以太阳能年总辐射量为指标,对太阳能资源的丰富程度进行评估,如表4.2-1所示。

太阳能资源丰富程度　　　　　　　　　表4.2-1

太阳能年总辐射量	资源丰富程度
≥1750kWh/（$m^2 \cdot a$）或≥6300MJ/（$m^2 \cdot a$）	高
1400~1750kWh/（$m^2 \cdot a$）或5040~6300MJ/（$m^2 \cdot a$）	较高
1050~1400kWh/（$m^2 \cdot a$）或3780~5040MJ/（$m^2 \cdot a$）	一般
<1050kWh/（$m^2 \cdot a$）或<3780MJ/（$m^2 \cdot a$）	低

（2）生物质能

我国农村生物质能源主要包括农业废弃物、林木薪柴、动物粪便等几个方面，省级差异较大，西南、东北以及河南、山东等地是我国生物质能的主要分布区。农业废弃物是农林生产过程中产生而被废弃的有机类物质，包括种植业废弃物、农业加工业废弃物、养殖业废弃物，在我国农村主要是农作物秸秆。2022年，农业农村部发布《全国农作物秸秆综合利用情况报告》，报告显示全国农作物秸秆综合利用率稳步提升，2021年，全国农作物秸秆利用量6.47亿t，综合利用率达88.1%，较2018年增长3.4个百分点。我国秸秆资源主要分布在东北、河南、四川等产粮大省，资源总量前五分别是黑龙江、河南、吉林、四川、湖南，占全国总量的59.9%。畜禽粪便资源集中在重点养殖区域，资源总量前五分别是山东、河南、四川、河北、江苏，占全国总量的37.7%。林业剩余物资源集中在我国南方山区，资源总量前五分别是广西、云南、福建、广东、湖南，占全国总量的39.9%。随着生活水平的提高，家用电器、煤气的使用日益广泛，农户对秸秆的需求下降，村民大多采用燃烧的方式处理秸秆，既产生有毒颗粒物形成雾霾污染环境，又浪费了大量秸秆资源。若对秸秆资源进行气化，既可保护环境，提高空气品质，又可生成大量清洁能源，补充化石能源，且秸秆还可用做食用菌基料加工，这部分资源用则利，弃则害。所以需对农村秸秆资源进行有效利用，将其变废为宝。秸秆的平均热值为14226kJ/kg，相当于标准煤热值的48.57%，即2kg秸秆约折合1kg标准煤。

分散式利用、就地消纳是未来生物质利用的方向。人均资源秸秆占有量是指当地人均占有秸秆资源的数量，是表征调查区域秸秆资源相对丰富度的指标；人均禽粪便产气潜力是衡量禽畜粪便资源的一个重要指标。结合前期学者的研究，考虑人均秸秆资源每个分区的临界值,并计算每个分区两个临界值的平均值作为分区的参考限值,人均秸秆资源量和人均禽粪便产气潜力区划等级表见表4.2-2。

人均秸秆资源量和人均禽畜粪便产气潜力区划等级表　　表4.2-2

人均秸秆资源量分区	人均秸秆资源量 t/人	人均禽畜粪便产气潜力分区	人均禽畜粪便产气潜力 m³/人
Ⅰ类	≥2.5	Ⅰ类	≥185
Ⅱ类	1.4～2.5	Ⅱ类	115～185
Ⅲ类	0.7～1.4	Ⅲ类	75～115
Ⅳ类	0～0.7	Ⅳ类	0～75

(3)风能

风能是地球表面大量空气流动所产生的动能。风能密度是决定风能潜力大小的重要因素。2015年,国家发展改革委发布《关于适当调整陆上风电标杆上网电价的通知》,将风能资源划分为四类。第Ⅰ类风能资源区:内蒙古自治区除赤峰市、通辽市、兴安盟、呼伦贝尔市以外的其他地区;新疆维吾尔自治区乌鲁木齐市、伊犁哈萨克族自治州、昌吉回族自治州、克拉玛依市、石河子市;第Ⅱ类风能资源区:河北省张家口市、承德市;内蒙古自治区赤峰市、通辽市、兴安盟、呼伦贝尔市;甘肃省张掖市、嘉峪关市、酒泉市;第Ⅲ类风能资源区:吉林省白城市、松原市;黑龙江省鸡西市、双鸭山市、七台河市、绥化市、伊春市、大兴安岭地区;甘肃省除张掖市、嘉峪关市、酒泉市以外的其他地区;新疆维吾尔自治区除乌鲁木齐市、伊犁哈萨克族自治州、昌吉回族自治州、克拉玛依市、石河子市以外的其他地区;宁夏回族自治区;第Ⅳ类风资源区:除前三类资源区以外的其他地区。国家颁布的《全国风能资源技术评价规定》对风能资源的评价做了详细的阐述,根据规定,风能评价主要是以现有气象台站所测的数据为依据,通过数据处理分析,对风能资源的潜力进行评价。为了进一步评价风能资源,可以以风功率密度为评价指标,把某一地理区域划分成若干风能区。风能分区的目的在于说明该区域属于何种风能类型,以便充分利用风能,根据风功率密度将风能资源分为4个区,如表4.2-3所示。

风功率密度丰富程度等级　　　　　　　　　　　表 4.2-3

风功率密度	资源丰富程度
≥200W/m²	高
120~200W/m²	较高
80~120W/m²	一般
≤80W/m²	低

4.2.2 村镇清洁能源特性综合分区研究

（1）分区原则

综合分区是指至少要考虑能源区划的两项指标,能源的开发和利用常常是受多重因素影响,所以为了更精确地对区域进行规划,应该尽可能全面地考虑能源区划的指标,考虑的区划指标越多,区划会越完善。相比于单项区划方法,综合区划涉及面广、难度大、等级高,但因其涵盖了能源资源区划的多项指标,所以区划结果更为精细、准确、到位、合理,适合于规划区域复杂、面积大、能源种类多、要求较高的区域。

本书按照优先"主导资源一致"、其次"用能需求相似"、最后"经济水平相似"的分区原则,以"太阳能、生物质能、风能"为主要研究对象,进行我国村镇资源特性综合分区。

主导资源一致:一个分区至少有一种到两种可用清洁能源一致;

用能需求相似:一个分区内用能需求相近,在技术应用上具有一定的相似性;

经济水平相似:一个分区内经济水平一致,在能源技术的接受度上也具有一定的相似性。

（2）划分标准

村镇清洁能源的利用潜力和利用形式受当地的资源禀赋、用能需求、经济条件等影响，综合考虑多个影响因素，为村镇清洁能源利用提供依据。

① 资源禀赋

太阳能、风能、生物质能等可再生能源资源条件是资源分区划分的基础。统计计算不同地区的太阳能辐射总量、风功率密度、人均秸秆资源（t/人）、人均禽畜粪便产气量（m^3/人）等数据信息；针对不同种类的可再生能源，依据能源资源已有的评价体系或数学方法，选择合适的区划指标，评估各能源的资源储量丰富程度和可利用程度，村镇清洁能源区划分指标和作为优势能源的标准如表4.2-4所示。

村镇清洁能源区划分指标　　　　表 4.2-4

目标	具体指标	指标说明	优势能源标准
资源禀赋	太阳能	年均总辐射量MJ/（$m^2 \cdot a$）	资源丰富度达到"高"或"较高"水平
	生物质能	人均秸秆资源（t/人） 人均禽畜粪便产气量（m^3/人）	达到Ⅰ类或Ⅱ类
	风能	风功率密度 W/m^2	资源丰富度达到"高"或"较高"水平

② 用能需求

我国村镇生活用能主要包括冬季取暖、夏季制冷、炊事、生活热水、照明及家用电器等，能耗总量由北向南呈下降趋势，主要差异在于是否需要冬季取暖。因此根据用能需求划分为"有取暖需求"和"无取暖需求"两大类。

③ 经济水平

农村经济的发展对农村能源的建设起着积极促进和推动的作用，

也为农村能源建设奠定了物质基础。农村能源和设施装备的有效供给和性能提升，又能及时满足农村经济发展用能的需求，一般来说农村能源的发展与能源消费的增长成正比。根据《中国农村统计年鉴2021》统计，2020年农村居民按收入五等份分组的人均可支配收入见表4.2-5，可以看出中间偏上收入组和高收入组的人均可支配收入已超过20000元，根据调研可知，收入偏高的家庭会更有意愿接受清洁能源技术并进行投资。因此按照家庭人均可支配收入">20000元"和"≤20000元"划分为两个标准，对应"出资能力高"和"出资能力一般"。

农村居民按收入五等份分组的人均可支配收入　　　表4.2-5

组别	2020年/（元/人）
20%低收入组家庭人均可支配收入	4681.5
20%中间偏下收入组家庭人均可支配收入	10391.6
20%中间收入组家庭人均可支配收入	14711.7
20%中间偏上收入组家庭人均可支配收入	20884.5
20%高收入组家庭人均可支配收入	38520.3

（3）村镇能源资源分区结果

首先，遵循主导资源相一致的原则划分资源分区。结合调研数据，参考《中国农村统计年鉴2021》和《中国能源统计年鉴2018》等统计数据，结合前面所述的等级划分标准，以我国31个省份为研究单元，对我国村镇优势清洁能源进行分区，根据不同清洁能源等级划分标准，将清洁能源分布划分为五大类，如表4.2-6所示。

村镇能源资源分区　　　表4.2-6

分类	优势能源	代表地区
一类	太阳能+生物质+风能	新疆、西藏、青海、内蒙古
二类	太阳能+生物质能	吉林、黑龙江、河北、河南、山东、安徽、湖北、湖南、江苏

续表

分类	优势能源	代表地区
三类	太阳能+风能	福建、海南
四类	太阳能	辽宁、甘肃、宁夏、山西、北京、天津、云南、陕西、上海、浙江、江西、广东、广西
五类	生物质能	四川、重庆、贵州

然后，依次按照"用能需求相似""经济水平相似"的原则和划分标准将村镇能源资源分区进一步细化分区，得到我国村镇能源特性分区（图4.2-1），每个分区资源禀赋、用能需求和经济水平相似，在能源技术选择上也将具备一定的相似度。

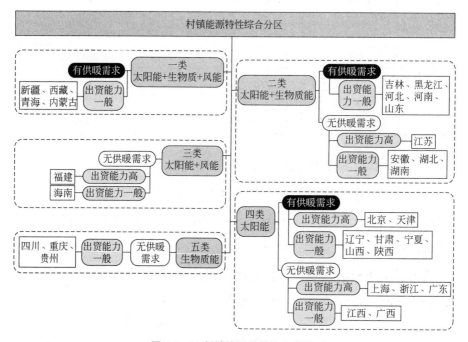

图 4.2-1 村镇能源特性综合分区

结合我国"双碳"发展战略和能源转型要求，村镇能源利用需结合区域清洁能源条件系统谋划，统筹村镇清洁能源集中开发优势和末端村民分散用能需求，构建覆盖多种清洁能源形式、"从源到端"的村镇能源利用策略，为村镇能源基础设施建设和技术选择提供方向性指导。

① 第一类资源区：太阳能、生物质能和风能均具备利用潜力，主要包括新疆、西藏、青海、内蒙古等地，均属于有供暖需求、出资能力一般。冬季漫长严寒，农户能源消费主要用途为冬季取暖，可充分利用生物质颗粒供暖技术。同时，根据实际情况，将太阳能、风能单独或结合使用，推进风、光、生、储一体化运作，组建分布式发电技术，为农户提供生活用能，多余电能还可并网上网，获得经济效益。第一类资源区的能源利用策略见图4.2-2。

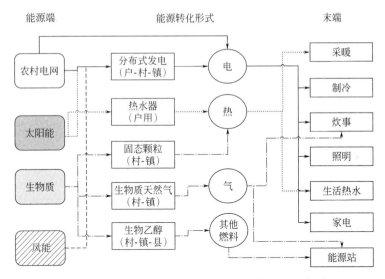

图 4.2-2　太阳能＋生物质能＋风能的能源利用流程图

② 第二类资源区：优势能源包括太阳能和生物质能两种清洁能源，主要包括吉林、黑龙江、河北、河南、山东、安徽、湖北、湖南、江苏等地。其中吉林、黑龙江、河北、河南、山东属于"有供暖需求、出资能力一般"，可重点开发建设生物质供暖技术；安徽、湖北、湖南属于"无供暖需求、出资能力一般"，可重点应用沼气、太阳能热水等

户用技术；江苏属于"无供暖需求、出资能力高"，可进一步推进分布式发电等集中式能源应用技术。

农村电网、禽畜粪便、太阳能的能源利用形式见图4.2-3，农村电网、秸秆资源、太阳能的能源利用形式见图4.2-4。

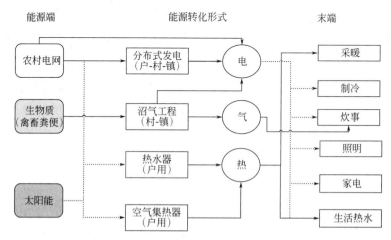

图 4.2-3　太阳能+禽畜粪便的能源利用流程图

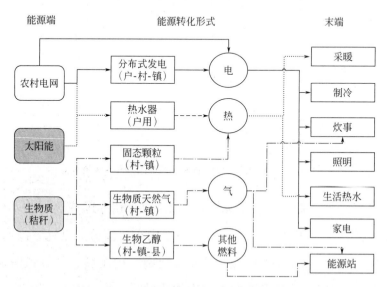

图 4.2-4　太阳能+秸秆资源的能源利用流程图

③ 第三类资源：优势能源包括太阳能和风能两种清洁能源，主要包括福建、海南。福建属于"无供暖需求、出资能力高"，海南属于"无供暖需求、出资能力一般"，两个省的资源和用能需求有着高度的相似性，可根据实际情况，重点开发太阳能、风能一体化分布式发电模式。

农村电网、风能、太阳能的能源利用形式见图4.2-5。

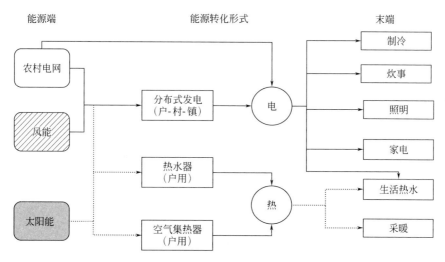

图 4.2-5　太阳能＋风能的能源利用流程图

④ 第四类资源区：优势能源为太阳能，主要包括辽宁、甘肃、宁夏、山西、北京、天津、云南、陕西、上海、浙江、江西、广东、广西。其中北京、天津属于"有供暖需求、出资能力高"，可考虑开发太阳能光伏发电、太阳能空气集热器等技术。辽宁、甘肃、宁夏、山西、陕西属于"有供暖需求、出资能力一般"，可考虑太阳能光伏发电技术应用。上海、浙江、广东属于"无供暖需求、出资能力高"，可重点考虑太阳能热水器、太阳能分布式发电技术。江西、广西属于"无供暖需求、出资能力一般"，可根据实际情况考虑太阳能热水器、太阳能分布式发电技术。电网与太阳能的能源利用形式见图4.2-6。

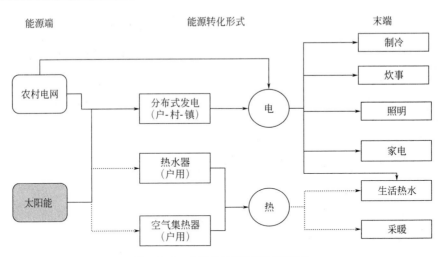

图 4.2-6 太阳能的能源利用流程图

⑤ 第五类资源区：优势能源为生物质能，主要包括四川、重庆、贵州，均属于"无供暖需求，出资能力一般"，可考虑生物质颗粒用于炊事、生物质沼气应用等技术。农村电网、秸秆资源的能源利用形式见图4.2-7。

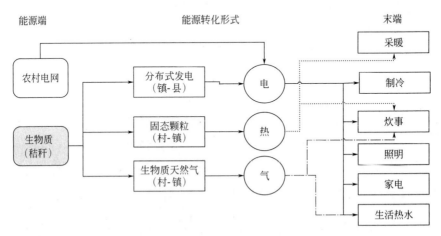

图 4.2-7 秸秆资源的能源利用流程图

4.3 村镇节能减排技术适应性评价体系

由4.1节可知,我国积极推进村镇清洁能源利用技术应用,技术应用形式丰富多样,但清洁能源利用技术还未形成规模化、标准化发展,因此在村镇能源基础设施建设过程中会存在技术选用盲目、适应性差等问题。为解决上述问题,本书构建了我国绿色宜居村镇能源基础设施技术适应性评价体系,涵盖资源适用性、经济性、环境友好性以及技术匹配性4个一级指标,以及资源丰富度、初投资费用等12个二级指标,采用"层次分析法+熵权法"的综合评价法确定各指标的最终权重,为我国村镇基础设施的建设提供借鉴。

4.3.1 评价体系构建

村镇节能减排技术的应用属于能源支撑体系范畴,广泛应用新能源新技术不仅对保护环境、提高住户生存空间健康度有重大意义,同时可以促进能源利用可持续性发展。本书中所评价的能源技术的适用性服务对象为村镇,对于构建在农田的大型风电技术、鱼塘表面的大型太阳能光伏发电技术等,虽然一部分产出也服务于村镇,但是更多的是为广大的城市所消耗,因此本书不做考虑。

综合评价是指利用多项指标对某个评价对象的某种属性进行定性、定量评估,或者对多个评价对象的属性进行定性、定量评估,最终可对其优劣顺序进行排序。本适应性评价体系的构建以系统性、可量化、科学性、以人为本为原则。具体如下:

(1)系统性

绿色宜居村镇节能减排技术适用性评价是一个复杂的系统工程,需如实反映经济、社会、环境、支撑体系对村镇能源利用系统的影响,指标之间相互独立又层层联系,指标的选取应反映不同因素对村镇用能系统的影响,从而保证评价体系的有效性和可信性。

（2）可量化

数据的真实性和可靠性是评价的前提条件和重要保障，需要大量的统计数据作为支撑。选取的数据应有可量化的特点，在保证指标能较好反映评价对象情况的前提下，能够直接查到或者通过计算间接得到指标数据，以保证评价的可操作性，同时数据来源要具有权威性，以保证正确评估研究对象。

（3）科学性

评价指标的选择和设计必须以可持续发展理论、环境生态理论以及统计理论为依据，客观真实地反映村镇用能系统的结构组成，反映性能目标和指标的支配关系。在满足评价目标的前提下，避免指标出现重叠遗漏，突出主要指标，使指标体系的选择满足充分必要条件。

（4）以人为本

村镇节能减排技术的最终目标是服务于人，为村镇住户提供良好的使用体验，提升其生活质量。因此，应从服务对象的角度，将系统使用效果和影响评价作为重要一环。在指标体系构建过程中充分调研，了解村民实际需求和迫切的关注点，以体现节能减排技术评价中用户对技术使用的认可程度。

目标项评价是能源利用绿色评价体系的核心，评价结果直接决定了参评对象的好坏，这一特点决定了在确定目标项评价指标时需综合考虑能源利用的整体性原则，图4.3-1介绍了目标项评价在指标构建时的研究步骤。指标体系的层次结构展现了各指标之间的隶属关系，通过目标层的依次分解，将影响目标层的所有因素组成一个有机的层次整体。

为了使构建的一般项指标体系满足整体性原则，指标更具有信服度，先后多次向该领域内，来自高校、科研单位、设计单位的相关专家咨询，确定了以村镇节能减排技术评价为目标的综合评价指标体系：第一层为目标层，划分为资源匹配性、经济性、环境友好性、技术匹

第 4 章 绿色宜居村镇能源基础设施技术体系

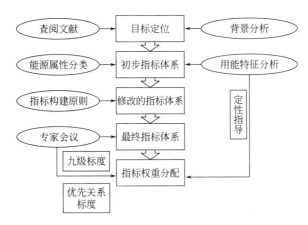

图 4.3-1 目标项评价在指标构建层次结构

配性，第二层为对目标层的进一步分解，形成包括资源可获取性、资源丰富度、清洁能源占比、初投资费用、年运行维护费用、回收期、技术成熟度与普适性、技术便捷性（操作、维护）、服务规模等。具体如图 4.3-2 所示。

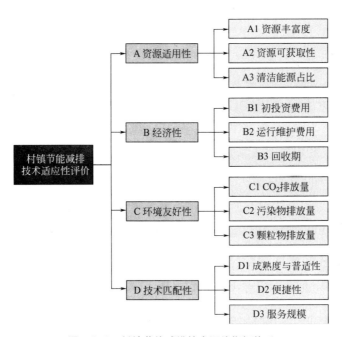

图 4.3-2 村镇节能减排技术评价指标体系

"A资源适用性"是村镇节能减排技术应用的基底条件,由于资源复杂多样且具有明显的地域特点,合理利用自然资源并充分发挥当地清洁能源潜力是技术选用的重要因素之一,包括资源丰富度、资源可获取性和清洁能源占比。资源丰富度指太阳能、生物质能、风能等各类清洁能源的富集和丰富程度,该项为资源的自然属性。指标决定资源的开发规模和经济发展方向,该项指标根据国家能源局公布数据进行划分。自然资源的可获取性即自然资源的可用性,是在一定条件下,自然资源能够被人类利用的功效和性能。从生物质能资源、太阳能资源以及风能资源等的产生及可收集性、利用技术等方面进行评价。清洁能源占比是指该项技术中的太阳能、生物质能、风能等清洁能源占该项技术中所用总能的百分比。

"B经济性"是村镇居民对于节能减排技术利用判断中较为敏感的因素,对于能源应用技术经济性的评价主要考虑以下因素:投资费用、运行费用、维护费用、补助、税收减免和其他经济上的刺激政策。基于全寿命周期所涉及的因素,对能源技术的经济性评价主要考虑初投资费用、运行维护费和回收期三方面。

"C环境友好性"包括CO_2排放浓度、污染物排放浓度、颗粒物排放浓度。由于太阳能和风能技术在应用中不会直接产生CO_2、SO_2、NO_x以及粉尘等有害物。

"D技术匹配性"包括技术成熟度与普适性、便捷性(操作、维护)以及服务规模。其中便捷性强调使用者的可接受程度,服务规模按照该技术的特点,从服务户数的角度出发,进行指标评价。

基于对上述评价指标的分析,结合定量统计和定性分析的特点,按照五个不同评分标准(1、3、5、7、9)进行赋分,限于篇幅限制,本书以"B1初投资费用"为例,给出村镇能源技术在初投资评价指标的划分标准和对应分值的确定过程,其他指标不再赘述。

初投资费用是指在用能设备（技术）的全生命周期过程中，使用者购买、维护花费的全部费用。可再生能源的设备投资相对较大，一直是农村市场无法广泛接受和使用的重要原因之一。一是我国农村居民的整体经济水平相对城镇人口差距较大，二是我国现阶段的清洁能源市场状况不乐观，尽管清洁能源拥有着节约资源、储量巨大和清洁环保等众多优势，但由于相关技术的局限性和经济支撑等条件的约束，清洁能源有着一次性投资成本高，而稳定性却相对较低的缺点，因此，在农村地区推广应用清洁能源仍存在着较大阻碍。

在发展村镇节能减排技术时，应充分考虑用户群体，作为村镇居民，户均收入比较低是主要问题，也是制约能否大规模发展某项技术的主要因素。有的农户认可节能减排技术，但是经济条件不足而无法实施。从走访调研看，人均可支配收入是影响节能减排技术的关键，对于节能减排技术，初投资相比传统技术要多出几倍左右。而对于村镇居民，经济条件有限，虽然国家有相应的补贴政策，但农民仍需自己负担大部分费用，甚至在有的经济状况不太好的地区农民负担不起购买能源基础设备的费用。因此本书结合农民收入以及农民意愿对设备（技术）初投资费用进行定量分析。从农户投资意愿的角度给出5个投资方案（表4.3-1），并对不同地区的300余农户进行问卷调查，结果显示，农户投资意愿百分比与投资费用成正相关，基于80%农户可接受的一个投资费用值，则方案1和方案2的认可度均满足要求（图4.3-3）。结合市场不同类型的设备价格调研，认为方案2的投资费用的划分标准较为合理，结合农户的投资意愿，当相关设备的投资费用小于0.5万元时，农户的投资意愿非常强烈，则该项指标的评分等级最高为9分，而当相关设备的投资费用大于5万元时，大部分农户明显不愿意投资，则该项指标的评分等级最高为1分，具体如表4.3-2所示。

农户投资意愿调查方案　　　　　　　　　　　表 4.3-1

方案	非常愿意投资	比较愿意投资	可以考虑投资	除非效益明显，否则不投资	即使效果明显也不愿意投资
方案1	$s<0.3$	$0.3\leqslant s<0.8$	$0.8\leqslant s<2.5$	$2.5\leqslant s<3.5$	$s>3.5$
方案2	$s<0.5$	$0.5\leqslant s<1.0$	$1.0\leqslant s<3.0$	$3.0\leqslant s<5.0$	$s>5.0$
方案3	$s<0.8$	$0.8\leqslant s<1.2$	$1.2\leqslant s<3.5$	$3.5\leqslant s<7.0$	$s>7.0$
方案4	$s<1.0$	$1.0\leqslant s<1.5$	$1.5\leqslant s<4.0$	$4.0\leqslant s<8.5$	$s>8.5$
方案5	$s<1.5$	$1.5\leqslant s<2.5$	$2.5\leqslant s<6.0$	$6.0\leqslant s<10$	$s>10$

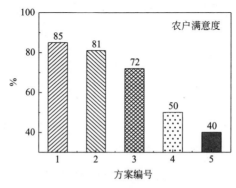

图 4.3-3　农户投资意愿百分比

初投资费用的定量　　　　　　　　　　　　表 4.3-2

初投资费用/万元	$s<0.5$	$0.5\leqslant s<1.0$	$1.0\leqslant s<3.0$	$3.0\leqslant s<5.0$	$s>5.0$
评分	9	7	5	3	1

基于以上的研究思路和评价分值确定过程，最终提出村镇节能减排技术二级评价指标的评分标准如表 4.3-3 ～ 表 4.3-6 所示。

资源适用性评分标准　　　　　　　　　　　表 4.3-3

分类	评价指标与分值				
A1 资源丰富度	非常丰富	比较丰富	一般	不丰富	资源匮乏
	9	7	5	3	1
A2 资源可获取性	非常容易	获得较易	一般	获得较难	获得困难
	9	7	5	3	1
A3 清洁能源占比	$x\geqslant 70\%$	$50\%\leqslant x<70\%$	$30\%\leqslant x<50\%$	$10\%\leqslant x<30\%$	$x<10\%$
	9	7	5	3	1

经济性评分标准　　　　　　　　　　　　　表 4.3-4

分类	评价指标与分值				
B1 初投资费用 /万元	$s<0.5$	$0.5 \leq s<1.0$	$1.0 \leq s<3.0$	$3.0 \leq s<5.0$	$s>5.0$
	9	7	5	3	1
B2 运行维护费用 /(元/年)	$s<1000$	$1000 \leq s<3000$	$3000 \leq s<7000$	$7000 \leq s<10000$	$s \geq 10000$
	9	7	5	3	1
B3 回收期/年	<2年	$2 \leq n<4$年	$4 \leq n<6$年	$6 \leq n<8$年	≥ 8年
	9	7	5	3	1

环境友好性评分标准　　　　　　　　　　　表 4.3-5

分类	评价指标与分值			
能源类型	电能/太阳能/风能	液化气	生物质	煤炭
C1 CO_2 排放量	7	3	5	1
C2 污染物排放量	7	5	3	1
C3 颗粒物排放量	7	7	3	1

技术匹配性评分标准　　　　　　　　　　　表 4.3-6

分类	评价指标与分值				
D1 成熟度与普适性	技术成熟、普适性好	技术成熟、普适性一般	技术成熟、普适性差	技术不成熟、普适性一般	技术不成熟、普适性差
	9	7	5	3	1
D2 便捷性	操作简单、维护简单	操作较困难、维护简单	操作较困难、维护较困难	操作困难、维护较困难	操作困难、维护困难
	9	7	5	3	1
D3 服务规模	单户	<30户	30~100户	100~300户	>300户
	1	3	5	7	9

4.3.2 权重计算方法

反映村镇节能减排技术优劣需考虑的指标众多，包括资源适用性、经济性、环境友好性和技术匹配性等，按照权重系数的确定方法可以将综合评价方法分为两类：主观赋权法和客观赋权法。

主观赋权法采用层次分析法，该方法是以系统化的思路解决复杂问题的有效方法，该方法以定量和定性结合的方式解决多目标决策问题。依据所要解决问题的总目标，将各项因素逐层分解，并按照其影响关系构成递阶层次结构模型。尤其可用于对无结构特性的系统评价以及多目标、多准则的系统评价。但层次分析法是一种带有模拟人脑的决策方式，因此必然带有较多的定性色彩，其定量数据较少，定性成分多。

客观赋权法采用熵权法，该方法利用了熵表达信息量的特点，即一个指标在各评估对象之间的差异越大，其包含的信息越多，其熵就越小。因此，相比突出整体差异的拉开档次法，熵权法仅突出局部差异，即在各评估对象之间的水平差异越大，该指标得到的权重就越大，对评估结果的影响也越大。熵权法对原始数据所携带的信息进行了充分挖掘，使评价结果具有较强的客观性。相对主观赋值法精度更高、客观性更强，能够更好地解释所得到的结果，其可以用于任何需要确定权重的过程，也可以结合一些方法共同使用。熵权法根据各指标的变异程度，利用信息熵计算出各指标的熵权，再通过熵权法对各指标的权重进行修正，从而得出较为客观的指标权重。

基于以上对综合评价方法的梳理分析，结合村镇节能减排技术评价特点，采用综合权重法作为村镇节能减排技术评价的基本方式。综合权重法结合了层次分析法的主观因素和熵权法的客观因素，实现了二者的紧密联系与优势互补，降低了单一方法带来的分析偏差，使分析结果更为全面、公正、合理。基于综合权重法的村镇节能减排技术评价指标体系确定的路径如图4.3-4所示。

4.3.3　典型地区能源技术适应性评价案例

为进一步验证本书提出的村镇节能减排技术适应性评价体系的科

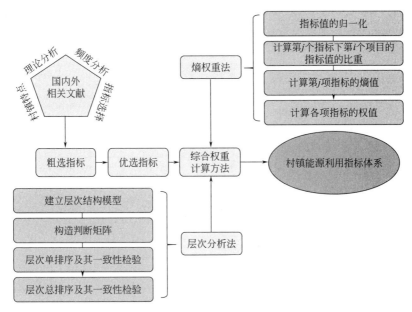

图 4.3-4　基于综合权重法的村镇能源利用技术评价指标体系构建路径

学性和合理性，选取典型村镇进行评价。本书选取隶属于依兰县的某镇，位于黑龙江省三江平原西部、哈尔滨市东北部，属温带大陆性季风气候。该镇面积 105 km^2，下辖 11 个社区和 4 个建制村，合计常住人口 8 万余。镇所处的依兰县被黑龙江省委农办确定为黑龙江省乡村生态振兴典型案例，同时也是国家首批绿色能源示范县，因此，以依兰县某镇为研究对象对于本书能源基础设施的适用性评价体系具有重要指导意义。

（1）权重计算

基于调研分析，梳理了适用于村镇地区的 18 项能源基础设施技术，包括 7 项分布式能源基础设施和 11 项户用能源技术。首先，基于熵权法的能源基础设施具体计算分值如表 4.3-7 所示，通过标准化数据计算以及信息熵计算基于熵权法的各指标权重，具体如表 4.3-8 所示。

基础设施的指标分值表　　　　　　　表 4.3-7

形式	序号	基础设施技术	A1	A2	A3	B1	B2	B3	C1	C2	C3	D1	D2	D3
分布式	1	太阳能光伏发电	7	7	9	5	9	7	9	9	9	7	9	9
	2	生物质颗粒加工厂	9	9	9	7	7	7	3	5	5	5	5	7
	3	生物质沼气站	9	9	9	5	5	5	3	5	5	3	3	7
	4	生物质颗粒燃烧锅炉	9	9	9	7	3	3	3	5	3	5	3	9
	5	生物质热解气化站	9	9	9	3	3	3	5	5	5	5	3	9
	6	风力发电工程	3	3	9	1	5	5	9	9	9	3	9	9
	7	燃油燃气锅炉	5	5	9	3	7	5	9	7	7	9	5	7
户用	8	太阳能热水器	7	9	9	7	7	7	9	7	9	9	9	3
	9	太阳灶	5	7	9	9	9	9	9	9	9	9	7	1
	10	太阳能空气集热器	5	7	9	1	5	5	9	9	9	3	7	3
	11	小型生物质沼气池	9	9	9	5	5	7	3	5	5	5	5	7
	12	小型生物质颗粒加工燃烧装置	9	9	9	9	7	7	3	3	3	5	5	5
	13	小型风力发电机	3	3	9	5	7	7	9	9	9	7	5	1
	14	空气源热泵	5	9	9	3	7	7	7	7	7	3	7	5
	15	太阳能热泵复合	7	7	9	5	3	5	7	7	7	3	5	5
	16	型煤炉具	7	3	2	9	9	9	1	1	1	9	7	3
	17	绿电锅炉	5	5	9	7	7	7	5	7	7	9	9	1
	18	燃气壁挂炉	3	5	7	5	3	7	5	5	7	3	9	1
/	/	max	9	9	9	9	9	9	9	9	9	9	9	9
/	/	min	3	3	2	1	3	3	1	1	1	3	3	1
/	/	max-min	6	6	7	8	6	6	8	8	8	6	6	8

基于熵权法的权重计算　　　　　　　表 4.3-8

指标	A1	A2	A3	B1	B2	B3	C1	C2	C3	D1	D2	D3
权重	0.086	0.095	0.019	0.067	0.153	0.081	0.058	0.040	0.040	0.128	0.111	0.122

邀请本领域内的20名专家对评价体系的4个一级指标以及12个二级指标的重要程度打分，采用层次分析法计算并运用 yaahp 软件群体决

策功能建立判断矩阵,并进行数据处理,基于层次分析法的指标权重计算具体见表4.3-9。最后,基于熵权法和层次分析法求解综合权重,结果如表4.3-10所示。

基于层次分析法的指标权重计算　　　　表4.3-9

指标	A1	A2	A3	B1	B2	B3	C1	C2	C3	D1	D2	D3
权重	0.4758	0.0454	0.1039	0.1428	0.0506	0.0269	0.0069	0.0622	0.0267	0.0429	0.0048	0.0111

各项指标的综合权重　　　　表4.3-10

指标	W1	W2	W3	W4	W5	W6	W7	W8	W9	W10	W11	W12
权重	0.107	0.102	0.097	0.089	0.088	0.083	0.082	0.080	0.073	0.072	0.072	0.056

(2)适应性分级

能源基础设施技术评价指标总分为9分,总分等于各评价指标得分乘以相应综合权重后相加。本书以优先保证经济性指标获得较好和很好水平为原则确定适应性等级划分标准,经计算定义适应性分级如下:技术综合得分>6.0分时,表示该技术在评价地区适用性好;技术综合得分<6.0分时,表示该技术在评价地区适用性一般。

(3)分布式基础设施适用性评价分析

依兰县某镇的分布式基础设施技术的最终得分表排序见图4.3-5。

由图4.3-5可以看出,针对分布式能源利用方式,太阳能光伏发电、生物质颗粒加工厂的分值最高,说明在黑龙江省村镇地区采用该两项技术具有较强的优势和良好的适用性。这一特点与黑龙江省的能源特点相契合,太阳能和生物质能在黑龙江较为丰富,以太阳能资源为例,黑龙江省全年平均太阳辐射量1316kWh/m^2,直接辐射比约60%,该省的太阳能资源被划定为三类资源地区[13],总储量约2.3×10^6亿kWh,折合750亿t标准煤。调研中还发现,该地区的大部分农户仍采

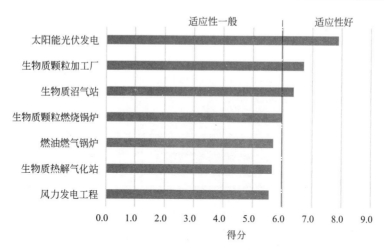

图 4.3-5　依兰镇的集中式基础设施的适用性评价

用旧式炉、传统灶、炕直接燃烧的方法燃烧生物质以及煤，所用煤和生物质大多燃烧不充分、不彻底，能源资源的利用率非常低，资源浪费非常严重。单体灶的燃烧热效率甚至不足15%，生活生产能耗平均在25%以下，温室气体被大量排放，严重破坏了该地区的生态环境[17]。因此进一步发展生物质利用技术，尤其是采用生物质颗粒加工厂对于改善传统燃烧方式的效率，提高生活生产能耗具有重要意义。

此外，基于地域能源的分布特点，在黑龙江村镇地区建设集中生物质沼气站以及依托生物质颗粒加工厂建立集中生物质颗粒燃烧锅炉对于合理、高效地利用该省的村镇能源资源也具有重要意义。而燃油燃气锅炉、生物质热解气化站、风力发电工程三项基础设施适用性则较差。主要原因在于生物质气化热解站初期投入较高，运行过程需要投入专门的人力。相比传统直燃生物质或者压块成型燃烧生物质，村民的普遍接受度较差。风力发电工程在黑龙江地区适用性较差的原因主要在于黑龙江省的风能资源较差，相比于太阳能发电，没有明显的优势。

（4）户用基础设施适用性评价分析

图4.3-6为该地区的户用基础设施技术的评价结果。对于户用能源

的利用方式而言，太阳能热水器以及小型生物质颗粒加工燃烧装置在黑龙江省村镇具有非常好的适用性。这与集中式用能的基础设施非常相似，这也说明对于黑龙江省村镇地区，大力发展生物质能和太阳能资源是可行并且有效的方式，采用户用太阳能热水器的方式供给农户的生活用热水具有较为明显的优势。而小型生物质颗粒加工燃烧装置，可以大大降低农户的使用成本，并且其操作简单、工作量小的特点更容易被农户接受。

小型户用生物质沼气池、以清洁能源发电为基础的绿电锅炉以及太阳灶三项户用基础设施也具有较好的适用性。小型户用生物质沼气池造价低，操作方便，回收期短。绿电锅炉虽然比燃煤燃气锅炉的费用高，但其对环境的友好性比常规用电锅炉更明显，因此具有一定的竞争优势。

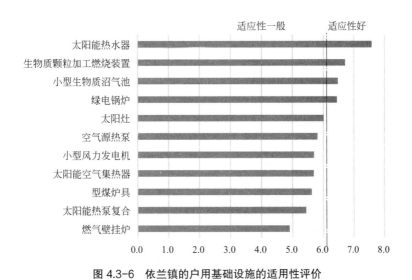

图 4.3-6　依兰镇的户用基础设施的适用性评价

（5）适用技术建议清单

结合黑龙江依兰县某镇的分布式基础设施和户用基础设施的适用性评价结果，给出该地区的基础设施适用技术清单矩阵，如图4.3-7所示。对于能源端,黑龙江省的村镇用能基础设施可采用太阳能光伏发电技术,以及"一村一厂"的模式建立生物质颗粒加工厂、生物质沼气厂(站)等方式,以提供村镇农户的生活生产用电、用热以及生活用水。而对于末端用户而言,采用小型生物质颗粒加工燃烧装置、绿电锅炉等技术则会更好地实现对能源端产能设施的高效利用。

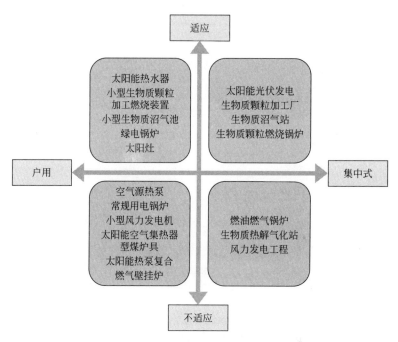

图 4.3-7　黑龙江省依兰镇的基础设施适用性矩阵

4.4　基于能源清洁高效利用的村镇节能减排技术体系

统筹考虑本书4.2节提出的村镇资源特性综合分区和4.3节构建的能减排技术适用性评价体系,选取11个资源特性分区的典型地区(表4.4-1),建立与村镇基底条件(清洁能源开发潜力、经济发展态势、村民用能需求)相匹配的能源基础设施建设建议(表4.4-2),为村镇能源利用提供指导。

典型城镇地理位置   表 4.4-1

编号	地区	有无供暖需求	经济水平	代表村镇
1	一类	有	出资能力一般	内蒙古杭锦后旗A镇
2	二类	有	出资能力一般	黑龙江依兰县B镇
3	二类	无	出资能力高	江苏江阴市C镇
4	二类	无	出资能力一般	湖北孝昌县D镇
5	三类	无	出资能力高	福建德化县E镇
6	三类	无	出资能力一般	海南海口市F镇
7	四类	有	出资能力高	天津蓟州区G镇
8	四类	有	出资能力一般	甘肃庄浪县H镇
9	四类	无	出资能力高	浙江青田县I镇
10	四类	无	出资能力一般	江西武宁县J镇
11	五类	无	出资能力一般	四川德昌县K镇

各综合分区基础设施技术建议清单   表 4.4-2

序号	分区特点			代表地区	适用能源技术清单	
	资源分区	供暖需求	出资能力		分布式	户用
1	一类 太阳能+生物质+风能	有	一般	新疆、西藏、青海、内蒙古	风力发电工程 太阳能光伏发电 生物质颗粒加工厂 生物质颗粒燃烧锅炉 生物质沼气站	小型风力发电 太阳能热水器 小型生物质颗粒加工燃烧装置 绿电锅炉 太阳灶
2		有	一般	吉林、黑龙江、河北、河南、山东	太阳能光伏发电 生物质颗粒加工厂 生物质沼气站	太阳能热水器 小型生物质颗粒加工燃烧装置 小型生物质沼气池 绿电锅炉 太阳灶
3	二类 太阳能+生物质能	无	高	江苏	太阳能光伏发电 生物质颗粒加工厂 生物质热解气化站	太阳能热水器 太阳能空气集热器 太阳能热泵复合燃气壁挂炉 空气源热泵
4		无	一般	安徽、湖北、湖南	太阳能光伏发电 生物质颗粒加工厂 生物质沼气站	太阳能热水器 太阳能空气集热器 燃气壁挂炉 小型生物质沼气池 空气源热泵

续表

序号	分区特点			代表地区	适用能源技术清单	
	资源分区	供暖需求	出资能力		分布式	户用
5	三类 太阳能+风能	无	高	福建	太阳能光伏发电 风力发电工程	太阳能热水器 小型风力发电机 太阳能热泵复合空气源热泵
6			一般	海南		
7	四类 太阳能	有	高	北京、天津	太阳能光伏发电	太阳能热水器 太阳能空气集热器 空气源热泵 绿电锅炉 小型风力发电机
8			一般	辽宁、甘肃、宁夏、山西、陕西	太阳能光伏发电 风力发电工程	太阳灶 太阳能热水器 太阳能空气集热器 绿电锅炉 太阳能热泵复合空气源热泵
9		无	高	上海、浙江、广东	太阳能光伏发电	太阳能热水器 太阳能空气集热器 空气源热泵
10			一般	江西、广西	太阳能光伏发电 生物质颗粒加工厂 生物质沼气站	太阳能热水器 小型生物质颗粒加工燃烧装置 燃气壁挂炉 绿电锅炉
11	五类 生物质能	无	一般	四川、重庆、贵州	生物质颗粒加工厂 生物质沼气站 生物质颗粒燃烧锅炉	小型生物质颗粒加工燃烧装置 小型生物质沼气池 绿电锅炉 空气源热泵 太阳能热水器

第5章 绿色宜居村镇水资源基础设施技术体系

5.1 村镇水资源基础设施建设现状

我国水资源短缺，完善城乡供水、排水和污水处理设施，保证城乡居民生活用水，保护水环境十分重要。近年来，政府积极改善农村饮水条件，并安排专项资金用于补助农村饮水安全工程建设。"十三五"期间，农村饮水安全巩固提升工程规划目标超额完成，农村供水保障程度得到显著提升。

村镇生活污水处理是改善人居环境、提高居民生活水平的重要内容。我国政府高度重视水环境的保护与治理，近年来加快城镇污水管网和处理设施建设，推进重点流域治理，加强农业农村污染治理。但农村地区污水处理设施的普及率还处在相对较低的水平，对污水的再生及资源化利用考虑较少[10]。

随着经济社会的发展和绿色宜居村镇建设的推进，村镇居民对安全饮水和污水处理的需求更为迫切，我国村镇供排水设施建设将面临诸多新的发展要求。

（1）村镇供排水设施建设情况

根据《中国城乡建设统计年鉴》[11]，我国供排水设施建设规模总体上升，村镇差距缩小。建制镇、乡、建制村供水设施的建设情况在2012～2021年间均呈现稳中有升的趋势，生活用水量、供水管道长度均随时间发展有所增加，从2012年的205.04亿万 m³、155.31万 km增加到2021年的271.30亿万 m³、291.79万 km，如图5.1-1所示。建制镇的供水管道长度明显高于乡，约为乡的4～5倍。建制村的年生活用水量和供水管道长度明显高出建制镇和乡，可以反映出村镇人口大部分还是分布在农村地区，生活用水人口数量多、密度低；农村居民点数量多、规模小和分布零散。

人均日生活用水量波动不大，建制镇在98.6～109.5 L/人，乡在82.8～104.3 L/人，建制村为72.42～99.31L/人。人均日生活用水量、供水普及率和集中供水占比基本从建制镇、乡到建制村依次降低，2021年建制镇的供水普及率为90.27%，集中供水占比为98.47%；乡的相应数据为84.16%和91.71%；建制村则分别为85.33%和83.64%。具有集中供水条件的建制村数量逐年增加，说明随着经济发展和居民生活水平的提升，建制村的饮水安全问题逐渐引起重视。国家及地方政府部门陆续发布农村饮水安全工程建设的相关政策，具备经济实力和技术能力的部分建制村开展了村内集中供水设施的建设，逐渐缩小与乡镇之间的差距。

2012～2021年来，我国建制镇、乡、建制村排水和污水设施建设规模呈增加趋势，如图5.1-2所示。建制镇和乡的排水管道长度、密度平稳增长；污水处理厂个数也从2012年的2434座增加到2021年的15661座，反映出政府部门对污水处理设施的重视程度和投资力度明显加大，污水处理能力总体上得到很大提升。乡镇排水和污水处理基础设施建设趋势良好，建制镇的排水和污水处理设施完善程度明显优于乡村地区，主要是因为建制镇发达程度、人口密度一般较高，相应的基础设施建设较为完善，便于规模化建设，逐渐向城市靠拢。但就排水管道长度而言，建制镇和乡远低于建制村，这一趋势与供水管道长度变化相同。

第 5 章 绿色宜居村镇水资源基础设施技术体系

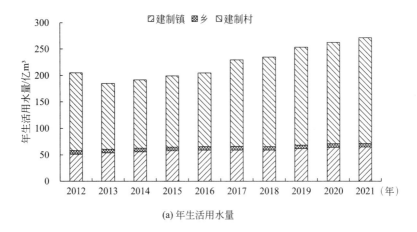

(a) 年生活用水量

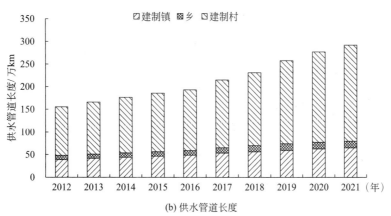

(b) 供水管道长度

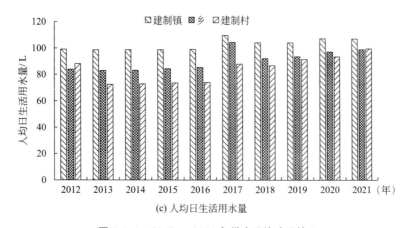

(c) 人均日生活用水量

图 5.1-1 2012～2021 年供水设施建设情况

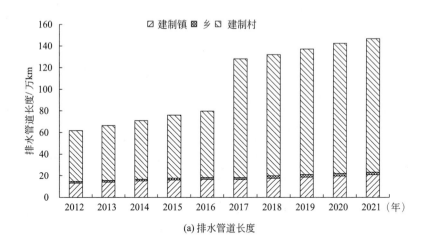

(a) 排水管道长度

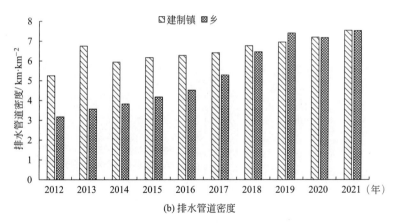

(b) 排水管道密度

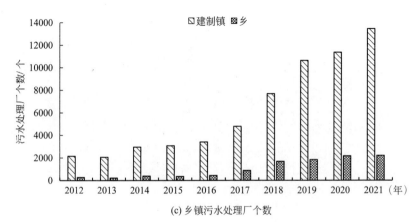

(c) 乡镇污水处理厂个数

图 5.1-2　2012～2021 年排水设施建设情况

分析排水建设设施增多的原因，一是集中供水量增加，供水设施建设对后续污水处理提出了明确的需求；二是水环境政策的发布，特别是2015年"水十条"出台，要求全面控制污染物排放，切实加强水环境管理，系统推进水污染防治、水生态保护和水资源管理，在此背景下，污水散排现象整体上得到了治理；三是改善农村人居环境的迫切需求，建设美丽宜居乡村是实施乡村振兴战略的一项重要任务，事关全面建成小康社会，人们意识到农村水环境整治的重要性。

（2）水资源循环利用情况

目前我国正处于经济快速发展的时期，人口的增长与城市化进程的扩张使得各方面用水量增加，对水资源量的需求也日益增长。早前解决城市用水问题基本依靠修建长距离的调水工程，然而其建设、管理费用难免会加重城市的经济负担，而且水资源量的减少使水源水质安全问题难以保证，远距离运输存在水质进一步恶化的风险。一方面，调水工程容易引起河流流量降低，影响景观和生态环境；另一方面，地下水过度开采会导致地下水位大幅下降，形成地下水漏斗，存在地面沉降安全隐患。我国多数城市排水规划系统性不高，大部分排水主干线和污水处理厂建设缺乏必要的区域水资源方案论证和综合协调，城市排水规划与市政污水处理厂设计未涉及资源化利用的技术，水资源循环利用和持续发展的观念较弱，配套措施建设较少。因此，缓解城市水资源短缺的压力，维护经济社会以及自然的持续、协调发展，有必要采用水资源循环利用模式。水资源循环利用通过将传统的对水资源的线性利用模式变为闭合的循环使用模式，增加水资源在生产、生活过程中的使用强度，提高水资源的使用效率，进而从根本上缓解水资源短缺的问题。

"六五""七五"期间，我国开展了国家重点科技攻关项目"华北地区水资源评价和开发利用的研究""华北地区及山西能源基地水资源研究"。这个时期，对水资源的研究还只局限在水资源本身属性的研究上，大多数是把其作为一种自然资源研究其自然属性，对水资源循环利用研究较少。"九五"期间，重大应用基础研究项目"中国华北地区水资源变化及其调配的研究"和中国工程院重大咨询项目"西北水资源配置生态环境建设和可持续发展战略研究"对工业、城市用水以及区域性工业适水性布局及节水型结构进行了专项研究。这个时期，大量研究集中在城市水循环的开发利用上。污水回用被认为是发展水循环经济，体现环境友好和资源节约理念的具体实践，污水资源化是水资源可持续利用的关键。近年来，人们开始重视水资源保护的问题，节水观念得以加强，对水资源的管理也逐步强化。

2012年以来，城市和县城再生水生产量和利用量呈现出递增的趋势。目前，我国污水资源化利用的资金基础和技术条件已基本具备。首先，我国污水处理能力已经快速增强，已经投入运行的污水处理厂和在建的污水处理厂总数及其污水处理能力逐年增加，使我国在污水资源化利用方面与发达国家的差距迅速缩小。2021年，我国城市累计建成污水处理厂2827座，县城累计建成污水处理厂1765座。全国城市再生水生产能力约7134.9万m^3/日，再生水利用量可达161.05亿m^3，占污水处理总量的26.32%，再生水管道长度累计建设规模为15291km；县城再生水生产能力约996.3万m^3/日，再生水利用量可达15.08亿m^3，占污水处理总量的14.37%，再生水管道长度累计建设规模为6179km。经过20多年对污水再利用的实践探索，在技术研发、工艺流程设计、成套设备制造等方面有了较大的突破，污水再利用的管理运行模式、行业标准和技术规范等也在不断完善。

整体来看，城市的再生水利用情况明显优于县城，而村庄基本不具备污水处理站，生活污水大多散排，处理后循环利用部分很少，难以统计其再生水利用情况。目前在农村污水处理与回用技术方面已开展相关研究，基本为小型的处理装置，但由于经济成本较高并未大面积推广实施，污水回用和资源化利用缺乏系统性。

5.2 村镇供排水技术及适用性分析

本书从村镇地区供排水设施出发，研究取水工程、净水技术、污水收集与处理等单项技术，分析各技术的优缺点和适用范围。

5.2.1 供水

（1）取水方式

水源分为地表水和地下水，考虑到各地区地形地貌和地质条件、地下水埋深、含水层厚度等因素，本书分析的取水方式主要包括大口井[12]、大口井-辐射井、渗流井、管井[13]、竖井汇流、水平井[14]、渗渠[15]、庭院式分散农户和小型集中供水取水工程[16]等。

大口井、大口井-辐射井、渗流井、水平井、庭院式分散农户和小型集中供水取水工程等均为适合浅层地下水取水的工程技术[17]。大口井取水兼具沉砂作用，可在山区工程和地下水埋深较浅的区域推广应用，比如甘肃省定西市岷县[18]、白湾集镇[19]。渗流井取水适用于含水层较薄的地区，王玮等在分析渗流井特征的基础上，对干旱半干旱地区渗流井取水技术进行了系统研究，成功将渗流井取水技术应用于陕西省吴堡县横沟黄河谷地渗流井采水等多个水源地项目[20]。皖南山区河流水库亦常见渗渠取水方式，倪宝锋等对黑龙江省海林市某水源地的研究表明渗渠水水质优于河水水质，可见渠对河水有较好的排滤作用[21]。水平井适用于含水层有一定厚度的浅层地下水开采[22]，在福建省某海水淡化项目中采用了地埋式水平井取水的勘查试验，成果表明，水平井取水在满足需水条件的前提下可有效保护海洋生态环境、净化源水水质[23]（表5.2-1）。

取水方式适用性分析　　　　　　表 5.2-1

取水工程	适宜地区	优点
大口井	河漫滩、山前浅层地下水洪积扇及一级阶地、干枯河床及古河道地段	水量稳定、水质保证、项目投资少、使用寿命长、运行费用低、耐腐蚀
辐射井	含水层有一定的厚度，富水性较差的平原区和河谷地区	施工成本低、集水效率高、维护方便、大范围控制地下水位、寿命长、维护费用低
渗流井	傍河（江、水库）	出水量大、水质好，使用寿命长、维护方便、运行成本低，避免产生地下水"漏斗"，避免土地沙化
管井	平原、高原、山区、沙漠、阶地等	可用于开采各种埋藏深度的地下水
竖井汇流取水	河谷地区	建设成本低，取水效果较好
水平井	含水层有一定的厚度，富水性较差的平原区和河谷地区，特别适合于浅层低渗透性含水层地下水开采	开采效率高，大规模取水投资少
渗渠	中小型山间河谷和其他薄含水层地区	方式简单、净水成本低
庭院式分散和小型集中供水	川、渝红层地区浅层地下水开采	施工工艺简单，建设成本和使用成本低

（2）输配水方式

输配水工程肩负着由水厂或水站向用户送水的任务，村镇输水、配水方式主要有集中式和分散式两种，受地形地貌、人口分布、制水成本、管网维护便捷性等因素影响，目前我国村镇输水工程多采用分散式，配水工程多采用集中式[24]。

分散式输水将原水输送至各个净水厂，可以降低水质二次污染，但其人均投资一般较高，可持续性较差，随着人口日益增长和生活水平不断提高，难以满足水量增长的需要。相比之下，集中式输水可提高供水稳定性，保障水质安全，降低人均制水成本，便于工程建设和运行管理，有利于促进城乡一体化供水的实现。集中式配水日常管理维护较为简单，但受地形地貌和人口密度影响较大，一般适用于规模较大的村镇配水工程。分区式配水各区域的覆盖范围相对较小，对水压要求不高，可减少运维期间的经济压力（表5.2-2）。

输配水方式对比分析　　　　　表 5.2-2

工程	方式	优点	缺点
输水	集中式	降低制水成本，保障水质安全，延长使用年限，提高管理水平	如设计和管理不当，水质被污染，有可能引起大范围的疾病流行或中毒
	分散式	抗冲击负荷较好，利于保证输水水质，降低输水二次污染	可持续性较差，人均投资较高
配水	集中式	配水工艺与日常的管理维护都比较简单，能合理开发利用区域内的水资源，节省管网工程的建设投资，采用较多	能耗浪费，对于偏远地区用户的水量和水压要求往往难以得到满足
	分区式	减少漏损水量和管道维修费用，减少输水能耗以及泵等相关设备的购置费用	基建费用较多，配水管网管理繁杂

（3）供水方式

供水规模和形式应根据当地自然条件、经济社会发展水平合理确定。考虑水源、地形等因素，将供水工程分为集中式和分散式，其中集中供水又可根据供水范围和人数细分为集中连片供水、联村和单村供水[25]。集中式、规模化供水可降低工程建设成本，便于运行期专业化管理，有利于保障水质水量。但由于村镇人口分布特点和经济情况，实际普及程度还不高，且以单村供水为主。分散供水多为村镇居民自建自用，通常不进行水质监测，水源污染地区的饮用水质量难以得到稳定保障（表 5.2-3）。

供水方式对比分析　　　　　表 5.2-3

供水工程类型	特征	存在形式	内容	特点	供水水源
集中式供水	集中供水人口≥20人；有输配水管网	城镇管网延伸工程	城市或乡镇供水管网向周边村镇延伸	农村地区距离城镇比较近	南方多为地表水；北方多为地下水
		联村工程	在村庄、乡、镇修建的永久性供水工程，包括跨乡镇集中式供水工程和跨村的集中式供水工程	难以采取管网延伸形式供水、人口居住又比较集中的农村地区	
		单村工程	单个村或自然村的集中式供水工程	各村间相对距离较远难以兴建规模化集中供水	地下水、山泉水

续表

供水工程类型	特征	存在形式	内容	特点	供水水源
分散式供水	无配水管网；单户或联户为单元	分散供水井、引泉供水、雨水集蓄供水	指分散居户直接从水源取水，无任何设施或仅有简易设施的供水方式	水源保护薄弱，供水水质合格率低	/

5.2.2 净水

城乡供水水质标准统一是未来发展趋势，业内普遍关注城乡供水一体化发展。国内外水厂的常用饮用水处理技术可分为常规处理技术、强化常规处理技术、深度处理技术、膜处理技术等[26]。传统的饮用水处理工艺一般为：混凝-沉淀-过滤-消毒，以去除水中的悬浮物、胶体颗粒物为主，已无法满足人们对饮用水水质的要求。深度处理的目的一般是去除消毒副产物及其前质、农药以及其他的一些常规方法难以去除的有毒有害污染物，在工程中可采用的主要有活性炭吸附、臭氧-活性炭吸附、生物活性炭。膜处理技术是一门新兴的分离技术，广泛应用于水处理、食品加工、化工、制药等领域。常用的膜技术包括微滤、超滤、纳滤、电渗析和反渗透。与传统水处理工艺相比，膜技术更能确保用水的水质安全性，并且具有绿色、高效、节能、工艺简便、过程易控制等优点（表5.2-4）。

净水技术对比分析　　　　表5.2-4

类别	技术名称	优点	缺点
常规处理	混凝、沉淀	主要去除水中悬浮物和胶体物质	对溶解性有机物的去除率很低
	生物慢滤	具备良好的细菌去除和有机物降解能力；不需要填装太高的滤料，不使用反冲洗系统，可以节约反冲洗耗水量	占地面积较大，水处理效率低
	消毒	杀死病原微生物	不一定能杀死细菌芽孢

续表

类别	技术名称	优点	缺点
深度处理	活性炭吸附	可以降低水中的生化需氧量（BOD）、化学需氧量（COD）、总有机碳（TOC）和溶解性有机碳（DOC），能去除水的臭味和色度，降低水中致突变物的活性	活性炭价格较贵，在使用中由于其吸附容量的限制，需要不断地进行再生或更换，从而给处理设备的正常运行和操作带来不便
深度处理	臭氧活性炭吸附	臭氧将大分子有机物氧化成小分子有机物，使活性炭的吸附能力得到充分发挥，同时延长了活性炭的使用寿命，加快了有机物的生物降解，从而提高了有机物的去除效率	一次性投资较高，运行效果受各种因素控制，碳上黏附的微生物进入水体后可能会对人体产生影响等
深度处理	生物活性炭	能提高有机物的去除率，延长活性炭的再生周期，降低运行费用	活性炭上的微生物在水流冲刷作用下会脱落，影响出水水质
深度处理	沸石活性炭组合工艺	可有效发挥沸石和活性炭的各自优势，同时去除废水的浊度、色度、氨氮及有机物，吸附剂的使用寿命较长，处理成本不高	/
膜处理	小型超滤过滤消毒一体化	能够有效分离溶液中的微粒、蛋白质、分子等，处理范围比较广泛；采用错流过滤、频繁反洗技术，提高了系统的水利用率和系统工作稳定性	超滤膜制作成本高，膜寿命短，对溶解性污染物的去除并不十分有效
生化集成微污染水源水净化技术及设备	曝气生物滤池	占地面积小，处理效果好，抗冲击负荷能力强，流程简单，能耗低，填料经久耐用及维护费用低等	对有机物的去除受水源水质的影响较大
生化集成微污染水源水净化技术及设备	生物沸石反应器	挂膜容易，周期短，运行安全可靠；耐NH_4^+-N冲击负荷，低温处理效果好，出水水质好，投资费用较低	/
生化集成微污染水源水净化技术及设备	PAC-UF工艺（粉末活性炭+超滤）	可高效去除水中的病原微生物和微量有机物，保证饮用水的化学和生物安全，占地面积小，运行灵活	膜丝间易积泥，有膜丝破损风险

特殊水是指水中铁、锰、氟、砷含量或含盐量超过国家标准的水[27]。根据生态环境部2022年5月发布的《中国生态环境状况公报》[28]，2021年监测的10345个农村千吨万人集中式饮用水水源断面（点位）中，8072个全年均达标，占78%。其中地表水水源监测断面5612个，5165个全年均达标，占92%，主要超标指标为总磷、高锰酸盐指数和锰；

地下水水源监测点位4733个，2907个全年均达标，占61.4%，主要超标指标为氟化物、钠和锰。

例如，甘肃省兰州市西固区的石油化工区、七里河区的农业污灌区、安宁区的工业区、城关区的垃圾填埋场区域由于工农业发达，均有发生硝酸盐和铁锰污染的风险[29]。宁夏回族自治区银川市黏土中含氟量和铁、锰含量均较大，岩石的风化、地下水的蒸发浓缩和阳离子的交替吸附导致地下水有氟化物、碘化物和铁、锰、砷超标的风险。为保障饮水安全和人体健康，应预先采取处理措施去除此类有害物质（表5.2-5）。

特殊水主要污染因子去除方法　　　　表5.2-5

去除的污染因子	方法	特点	局限
铁	曝气氧化法	无需投加药剂，滤池负荷低，运行稳定	不适用于溶解性硅酸含量较高和高色度地下水
	接触过滤氧化法	不需投药，流程短，出水水质稳定，可不受溶解性硅酸盐的影响	不适用于含还原物质多、氧化速度快及高色度的原水
锰	高锰酸钾氧化法	在中性和微酸性条件下迅速将水中的二氧化锰氧化成四价锰	一般在大、中型集中式给水工程中采用
	氯接触过滤法	吸附与氧化交替，氯是弱于高锰酸钾的氧化剂	宜在使用氯方便、成熟的地区使用
	生物固锰除锰法	以氧化菌为主的生物氧化过程	滤池须经除锰菌的接种、培养、驯化，对滤池的运行管理要求较高
氟、砷	活性氧化铝吸附法	一般需调整原水pH	对含氟量和悬浮物含量有一定要求
	活化沸石吸附法	活化沸石价格较便宜	需对滤料进行再生处理
	复合式多介质过滤法	吸附容量高，流程简单，操作方便无需调节pH值，无需投加化学药剂，仅用清水冲洗即可，反冲洗耗水率低	多介质滤料吸附饱和后，需要更换滤料
	电渗析	直流电场作用，可同时去除其他离子，特别是除盐效果明显	对原水水质有要求，需要相应预处理，制水成本较高，产水率低
	反渗透法	压力作用	对原水水质有要求，需要相应预处理，制水成本较高，产水量低

续表

去除的污染因子	方法	特点	局限
盐	电渗析	能量消耗相对不大，操作简便，易于向自动化方向发展，设备紧凑，占地面积不大，药剂耗量小	难于去除解离度小的硅酸和碳酸根；设备部件多，组装繁杂，运行成本较高
	反渗透法	占地少，建设周期短	运行成本较高

5.2.3 排水与污水处理

（1）排水与污水收集方式

考虑污水排放量、地形地势等因素，将污水排放和收集方式分为城镇集中型、村庄相对集中型和农户分散型[30]。根据村庄布局和人口分布特点，将村庄相对集中型进一步划分为村庄自建联户型、村庄自建区域型和村庄自建集中污水处理站[31]。各村镇应因地制宜选择，最大程度上做到污水应收尽收，同时减少盲目投资（表5.2-6）。

污水收集方式一览表　　表5.2-6

污水收集方式		内容	适用范围
农户分散型		单户处理，在自身庭院内建户用沼气池等污水处理设施	住户分散、地形地势条件复杂，无法集中铺设管网或集中收集处理的村落，特别是山区、丘陵地带
村庄相对集中型	村庄自建联户型	将村庄内的农户分成数个单独片区单独处理，联合处理的户数一般为2-20户	多个自然村距离远、住户分散、地形地势复杂，难以集中统一纳管处理且具有较多土地空闲的村庄
	村庄自建区域型	多个集居区合建，20户以上	分布集中、管网收集条件较好但因地形地势等条件不能整个村统一接入终端处理的村庄
	村庄自建集中污水处理站	中心村、集居区或者人口较多的自然村	集中化程度高、具有良好的管网收集条件但距离市政管网较远的中心村、集居区或者人口较多的自然村
城镇集中型		污水收集后直接排入城镇市政管网，并入城镇污水处理厂处理	城镇近郊区的村庄，农村布局相对集中、人口较多、规模较大、经济条件较好的地区

（2）污水处理技术

污水处理技术主要包括污水预处理技术（化粪池、沼气池）、生物处理技术（厌氧生物膜反应器、生物接触氧化池、氧化沟、序批式生物反应器）和生态处理技术（人工湿地、生态滤池、稳定塘、土地渗滤、生态浮岛）等。其中适合集中式污水处理的包括沼气池、厌氧生物膜池、生物接触氧化池、序批式活性污泥法（SBR）、氧化沟、膜生物反应器工艺（MBR工艺）、土地渗滤、人工湿地、稳定塘、生态滤池、生态浮岛等；相对适合分散式污水处理的包括化粪池、沼气池、厌氧生物膜池、生物接触氧化池、土地渗滤等[32]。本书从优缺点、适宜性等方面对上述污水处理技术进行对比分析，具体见表5.2-7。

污水处理技术对比分析　　　　表5.2-7

名称	优点	缺点	经济条件限制	技术要求适宜性
厌氧生物膜池	投资省、施工简单、无动力运行、维护简便	对氮磷基本无去除效果，出水水质较差，须接后续处理单元	较小	技术要求不高
缺氧-好氧法（A/O）	缺氧池与好氧池合建，中间隔以挡板，降低工程造价	脱氮除磷效果稍差	较大	有一定技术要求
厌氧-缺氧-好氧法（A2/O）	水力停留时间少于其他同类工艺，运行费用较低	脱氮除磷效果难于再次提高，进入沉淀池的处理水要保持一定浓度的溶解氧，减少停留时间	较大	有一定技术要求
氧化沟	结构和设备简单、运行维护简单、投资较省；采用低负荷运行，剩余污泥量少，处理效果好	有时出水中悬浮物较高，传统氧化沟的占地面积大、耗电高于曝气池	较大	有一定技术要求
生物接触氧化池	结构简单，占地面积小；污泥产量少；对水质、水量波动的适应性强；操作简便、动力消耗少，对污染物去除效果好	加入生物填料导致建设费用增高；可调控性差；对磷的处理效果较差	较大	有一定技术要求

续表

名称	优点	缺点	经济条件限制	技术要求适宜性
序批式生物反应器（SBR）	工艺流程简单，运转灵活，基建费用低，能承受较大的水质水量的波动，具有较强耐冲击负荷的能力，较适合农村地区应用	池容的利用率不理想；废水排放规律与SBR间歇进水的要求存在不匹配问题，对自控系统的要求较高	较小	有一定技术要求
膜生物反应器工艺（MBR）	活性污泥浓度较高，污泥产率较低；分离效率高，可以有效分离微生物与有机废水，有利于硝化细菌在膜生物反应器内的滞留生长	易吸附更多混合颗粒物及有害物质；生物膜的膜污染问题	较大	有一定技术要求
生物滤池	占地小、抗冲击能力强、处理效果稳定等	生物滤池后须设置二次沉淀池以沉淀悬浮物	较小	技术要求不高
土地渗滤	缓冲性能较强，工程简单，基建投资省，污水处理能耗低，维护方便，处理成本低	停留时间长，占地面积大；处理效果不稳定；若防渗处理不当，可能污染地下水	较小	技术要求不高
人工湿地、生态滤池	投资费用省，运行费用低，维护管理简便	污染负荷低，占地面积大，设计不当易堵塞	较小	技术要求不高
稳定塘	结构简单，出水水质好，投资成本低，无能耗或低能耗，运行费用省，维护管理简便	负荷低，污水进入前需进行预处理，占地面积大	较小	技术要求不高
生态浮岛	投资成本低，维护费用低	容易造成环境二次污染	较小	技术要求不高
化粪池	结构简单、易施工、造价低、维护管理简便、无能耗、运行费用省、卫生效果好等	沉积污泥多，需定期进行清理；沼气回收率低，综合效益不高；化粪池处理效果有限，出水水质差，一般不能直接排放	较小	技术要求不高，广泛应用于初级处理
沼气池	污泥减量效果明显，有机物降解率较高，处理效果好，可以有效利用沼气	沼气池处理污水效果有限，出水水质差，一般不能直接排放	较小	技术要求不高
污水净化沼气池	污泥减量效果明显，有机物降解率较高，处理效果好；管理方便，投资少、见效快	需由专人管理	较小	技术要求不高

续表

名称	优点	缺点	经济条件限制	技术要求适宜性
普通曝气池	工艺变化多且设计方法成熟，设计参数容易获得；可控性强	构筑物数量多，流程长，运行管理难度大，运行费用高，不适合小水量处理	较大	有一定技术要求

黑水主要指厕所废水，包含粪便、尿液及其冲洗水等污染物质，通常含有大量有机污染物、病原体及持久性微污染物，因而处理难度较高，主要污染因子为COD、总氮（TN）、总磷（TP）。通过源分离回收的黄水，主要指尿液及其冲洗水，主要污染因子为COD、TN，将黄水直接用于农业土壤的浇灌可以显著提高土壤中硝态氮的含量，可直接或间接地应用于农业生产。灰水为不含粪便、尿液的污水，收集自盥洗、淋浴、厨房及洗衣废水，约占居民生活所产污水含量的70%，其污染物（特别是病原体）含量较低，氮、磷含量明显低于黑水，处理难度相对较低，具有良好的再生利用潜力，主要污染因子为COD。各地区可根据不同污水收集方式，针对主要污染物选取适宜的污水处理技术及组合（表5.2-8）。

针对不同污染物的主要污水处理技术　　　　表5.2-8

目标	处理技术	适宜处理规模/（m³/d）	适用范围
去除COD	生物接触氧化池	0.10～500	村庄相对集中、城镇集中
	氧化沟	≥100	村庄相对集中、城镇集中
	传统活性污泥法	≥500	村庄相对集中、城镇集中
	人工湿地	0.10～100	各种
	厌氧生物膜法+人工湿地	0.10～10	村庄相对集中、城镇集中
	生态滤池	10～500	村庄相对集中、城镇集中
	三格式化粪池	/	农户分散型
	沼气发酵法	/	农户分散型

续表

目标	处理技术	适宜处理规模 /(m³/d)	适用范围
去除COD和TN	缺氧+好氧生物接触氧化池	0.10～500	各种
	氧化沟	≥100	村庄相对集中、城镇集中
	活性污泥法	≥100	村庄相对集中、城镇集中
	厌氧生物膜池+人工湿地	1～100	村庄相对集中、城镇集中
去除COD、TN和TP	缺氧/好氧+好氧生物接触氧化池+人工湿地/土地消纳	10～500	村庄相对集中、城镇集中
	氧化沟+人工湿地/土地消纳	≥100	村庄相对集中、城镇集中
	活性污泥脱氮+人工湿地/土地消纳	≥100	村庄相对集中、城镇集中
	稳定塘	/	村庄相对集中、城镇集中
	土地快速渗滤	/	各种

5.3 村镇水资源循环利用技术体系

本书的水资源循环利用主要指水资源的社会循环，围绕循环经济的基本原则，即减量化、再利用、再循环，以村镇基础设施中的供水系统和排水系统为研究对象，从取水、净水、输配水、排水、污水处理和中水回用等环节出发，一是在供水阶段优化水资源配置，保障水量与水质供给的稳定，减少水资源浪费；二是在排水阶段充分收集雨水、污水，处理达标后再应用到生产生活中，提高水的重复利用率，减少新鲜水取用量，也可减少对自然水体的污染，美化村镇水环境。

5.3.1 区域划分

综合考虑自然（干湿分区、地形地貌、气候类型）、社会（村庄密度、人口密度）、经济发达程度等方面的因素，对我国（不包括港澳台地区）31个省、自治区、直辖市进行区域划分，如表5.3-1所示。

区域划分 表 5.3-1

分区	省份	描述
Ⅰ区 寒冷干旱地区	甘肃、青海、宁夏、新疆、内蒙古、西藏	区域跨度较大，基本位于严寒、寒冷地区，有高原、盆地分布，经济不太发达
Ⅱ区 寒冷湿润地区	黑龙江、吉林、辽宁	处于严寒地区，地形以山地或平原为主，经济不太发达
Ⅲ区 温暖湿润地区	上海、江苏、浙江、福建、重庆、四川、湖北、湖南、广东、江西、贵州、云南、广西、海南	基本位于湿润或半湿润、夏热冬暖或夏热冬冷地区，多山地、丘陵
Ⅳ区 温和干旱地区	山东、北京、天津、河北、河南、安徽、陕西、山西	基本处于半湿润、寒冷或夏热冬冷地区，地形以山地或平原为主

Ⅰ区包括甘肃、青海、宁夏、新疆、内蒙古、西藏，主要位于干旱区、半干旱区。甘肃、青海、西藏等省份东部位于半湿润区，年平均降雨量少，蒸发量大，气候以严寒、寒冷为主；地形多高原、山地、盆地分布，包括黄土高原、青藏高原、陇南山地、祁连山地等；主要山脉有祁连山、昆仑山等，主要河流水系有黄河、怒江、澜沧江和金沙江等。该区域的农村居民人口较多但居住相对分散，并且大多数村镇经济不发达，居民环保意识不足，污水处理配套设施和处理能力较为落后。

Ⅱ区包括黑龙江、吉林和辽宁，位于湿润区和半湿润区。大部地区气候严寒，冬季较长且多风雪。该区域地形以山地、平原为主，有大兴安岭、小兴安岭、长白山等山地，也有三江平原、松嫩平原、海滨平原等平原地形。主要河流水系有松花江、辽河、牡丹江等。该区域的农村村落规模通常较小，村落间的距离较远。由于地区差异，各地经济发展水平不同，目前部分农村缺乏污水处理设施。该区域气候条件、人口密度和经济发达程度是选择污水处理技术需考虑的重要因素。

Ⅲ区包括上海、江苏、浙江、福建、重庆、四川、湖北、湖南、广东、江西、贵州、云南、广西、海南等省市，多位于湿润区和半湿润区。大部分地区气候夏热冬暖或夏热冬冷，年均气温高、降雨充沛。该区域地形以平原、山地、丘陵为主，包括长江三角洲冲积平原、苏北平原、黄淮平原、珠江三角洲平原等，也有云台山、巫山、大别山、猫儿山、五指山等山脉。该地区水系发达、河网、湖泊密布、河流纵横交错。此区大部分村镇经济发达，污水处理工作开展较早，技术相对成熟。区域内人口密度大，可用作污水处理的土地有限，应在充分考虑上述因素的基础上，因地制宜选择污水处理技术。

Ⅳ区包括山东、北京、天津、河北、河南、安徽、陕西、山西，多位于半干旱区和半湿润区。气候寒冷、多风，四季分明。地形多样，有平原、山地、丘陵分布，包括华北平原、黄河平原等平原，也有太行山、燕山、泰山、黄山、九华山、五台山等山脉分布。该区域主要河流为黄河、淮河，水资源相对不足，应加强污水处理，避免污染地表水和地下水，污水治理应重视中水资源回用，技术与成本兼顾。

5.3.2 不同区域污水处理技术选择

按照适用性、最佳性、符合性和前瞻性原则，兼顾实用性、经济性、可靠性，因地制宜地选择适合当地自然条件、技术水平和经济条件的污水处理工艺，优先选用工艺工程造价小、运行维护简单方便、出水水质稳定达标、适合村镇特点的生活污水处理技术[33]。例如，土地渗滤主要靠生物作用去除污染物，可埋于冻土层以下，受季节影响小，满足寒冷地区农村污水处理的基本需求，但其污染负荷低，占地面积大，相对于环保事业发展较早、经济条件良好的Ⅲ区和Ⅳ区，尤其适用于经济不发达、土地较多、人口密度较小的Ⅰ区和Ⅱ区农村生活污水处理。生态浮岛和生态滤池投资成本低，维护费用省，兼具环境效益、经济效益和生态景观效益，但两种技术的植物选择受区域和温度影响较大，考虑植物越冬问题，更适用于Ⅲ区（表5.3-2）。

不同区域污水处理技术选用建议　　　　　表 5.3-2

区域	方式	经济条件一般	经济条件较好
Ⅰ区 寒冷干旱地区	分散式	化粪池、厌氧生物膜池、土地渗滤	生物接触氧化池
	集中式	厌氧生物膜池、土地渗滤、稳定塘、SBR	生物接触氧化池、氧化沟、普通曝气池
Ⅱ区 寒冷湿润地区	分散式	化粪池、厌氧生物膜池、土地渗滤	生物接触氧化池
	集中式	厌氧生物膜池、土地渗滤、稳定塘	生物接触氧化池、A2/O、MBR
Ⅲ区 温暖湿润地区	分散式	化粪池、厌氧生物膜池、沼气池	生物接触氧化池
	集中式	厌氧生物膜池、稳定塘、SBR、人工湿地、沼气池、生态浮岛	生物接触氧化池、氧化沟、普通曝气池、生态滤池、A/O、A2/O、MBR
Ⅳ区 温和干旱地区	分散式	化粪池、厌氧生物膜池、沼气池	生物接触氧化池
	集中式	厌氧生物膜池、SBR、人工湿地	生物接触氧化池、氧化沟、普通曝气池、A/O、A2/O、MBR

5.3.3 水资源循环利用技术体系与典型模式

水资源循环利用是实现生态文明建设的重要手段之一[34]，基本理念是在循环经济的基础上提高水资源利用效率。一方面，通过法律政策约束，在各行业采取节水措施、雨污水回用等以减少新鲜水取用量，减轻污水处理负荷。另一方面，通过改进生产工艺促进工厂内小循环，改进水处理技术使处理达标的污水或雨水回用于农田灌溉、道路清扫、绿化用水等。污水再生利用既可以缓解水资源短缺现象，又可以及时收集、解决污水排放去向问题，减少水环境污染。传统污水再生利用更多侧重于生产系统内局部循环，并未统筹兼顾生产、生活用水和生态用水[35]。本书从"取水→净水→输配水→排水→污水处理→回用"流程着手，提出水资源循环利用技术体系（图5.3-1）。

提高水资源利用效率应从保障饮水安全出发，通过制定法律、标准和监测预警等安全管理手段，以"预防为主、防治结合"的方式预

第5章 绿色宜居村镇水资源基础设施技术体系 143

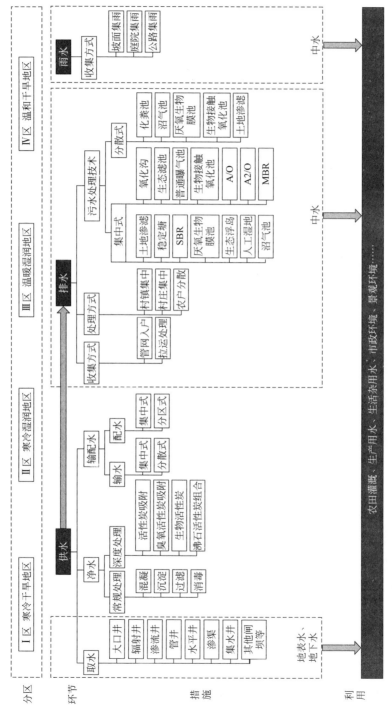

图 5.3-1 水资源循环利用技术体系图

防水源地水质污染,特别是村镇分散饮用水水源地。农村饮用水水源地的水质监测工作虽处于不断完善中,水质达标率也逐年提高,但与城市饮用水水源地相比,农村饮用水水源地水质达标率总体偏低,尤其是农村地下水饮用水水源地近几年呈现水质变差趋势[36]。对水资源需求量大的地区,完善饮用水水源地监测制度,加强饮用水水源地监管力度,是提升水资源循环利用的前提。

在前端采取节水措施和净水措施是水资源循环利用的基础。例如农业灌溉采取喷灌、滴灌等方式,生活用水端使用节水型器具,优化生产工艺、实现车间内水的局部循环利用,净化水质、减少无效水排放等。

保障污水收集处理率是推动水资源循环利用的重要条件。2021年城市、县城、建制镇和乡污水处理率分别为97.89%、96.11%、61.95%、26.97%,同年城市和县城再生水利用量分别占污水处理总量的26.32%和14.35%。市区在基本实现污水处理的情况下,已开展再生水回用;村镇地区因其污水集中收集处理率整体偏低,可鼓励农户分散或村域集中处理后就地资源化利用。

综上所述,循环利用是实现水资源可持续发展的必要手段,提高水资源循环利用率可从水源保护、节水净水、污水收集处理后回用、雨水资源化利用等多维度出发,根据区域水资源分布和用水特征因地因时制宜地选择雨污水处理技术、标准和再生水回用去向。再生水应优先回用于生产、生活用水,兼顾生态用水,具体比例可根据各区域供用水情况具体确定。

东部地区河流水系分布多,工业相对发达,水资源生态承载力较高,但不同年份的年降雨量和人口数量变化大,因此人均水资源生态承载力和人均水资源生态足迹波动明显,而中西部干旱缺水地区相对稳定。东部地区应进一步发展科技,减少工业用水和生活用水压力;

中西部地区可通过引水工程等手段干预水资源生态承载力,保障水资源生态系统与社会经济系统的协调发展。

5.3.3.1 东部河网密集地区——以江苏省为例

我国东部地势低平、河网交织、湖泊星罗棋布,东部河网地区主要包括沿海"两省一市"区域,即江苏省、浙江省、上海市[37]。本书以江苏省为典型地区进行调查分析。

（1）江苏省区域概况

江苏是中国地势最低的一个省区,绝大部分地区在海拔50m以下,地形以平原为主。气候温和,属于温带向亚热带的过渡性气候,雨量适中。江苏地处江淮沂沭泗流域下游和南北气候过渡带,河湖众多,水系复杂。江苏境内降雨年径流深在150～400mm之间,地下水源丰富。

根据《江苏统计年鉴-2021》[38],截至2020年,江苏省共辖13个地级市、21个县级市、55个市辖区、19个县,合计95个县级区划;515个街道、712个镇、21个乡。2020年,江苏省镇、乡村人口数占总人口数的52.5%,13个地级市中乡村常住人口占总人口数最多的城市是连云港市（38.5%）,其次为宿迁市（37.8%）和盐城市（35.9%）。地区生产总值较高的苏州市、南京市和无锡市,乡村常住人口比例均不高（表5.3-3）。

2020年各城市基本情况　　　表5.3-3

地级市	县级单位数	市辖区数	县级市数	县数	镇数	乡数	城镇常住人口/万人	城镇常住人口比重/%	地区生产总值/亿元
南京市	11	11	0	0	6	0	808.95	86.8	14817.95
无锡市	7	5	2	0	30	0	617.94	82.8	12370.48
徐州市	10	5	2	3	97	0	596.18	65.6	7319.77
常州市	6	5	1	0	33	0	406.90	77.1	7805.32
苏州市	9	5	4	0	52	0	1041.90	81.7	20170.45
南通市	7	3	3	1	65	0	544.36	70.4	10036.31
连云港市	6	3	0	3	53	7	283.05	61.5	3277.07
淮安市	7	4	0	3	57	0	299.40	65.7	4025.37
盐城市	9	3	1	5	95	0	430.22	64.1	5953.38

续表

地级市	县级单位数	市辖区数	县级市数	县数	镇数	乡数	城镇常住人口/万人	城镇常住人口比重/%	地区生产总值/亿元
扬州市	6	3	2	1	62	3	323.97	71.0	6048.33
镇江市	6	3	3	0	31	0	255.11	79.5	4220.09
泰州市	6	3	3	0	65	2	307.41	68.1	5312.77
宿迁市	5	2	0	3	66	19	310.47	62.2	3262.37

注：数据来源于2021年江苏省统计年鉴。

（2）污水处理情况

2020年江苏省各地级市市区污水日处理能力存在一定差距，与城镇人口数、用水量和排水量关系密切，但污水处理率均在90%以上，说明城镇污水排放基本得到治理。2019年江苏省城镇生活污水排放量达46.03亿t，集中式治理设施污水排放量0.05亿t（表5.3-4）。

2020年江苏省各城市市政工程情况　　　表5.3-4

城市	排水管道长度/km	城市污水日处理能力/万t	建成区排水管道密度/(km/km²)	污水处理率/%
南京市区	10863	378.5	12.5	97.9
无锡市区	13639	173.8	24.6	98.9
徐州市区	2336	83.5	6.7	94.9
常州市区	8560	121.8	22.3	98.1
苏州市区	13007	262.0	19.1	96.8
南通市区	3931	91.5	13.6	95.0
连云港市区	2373	41.4	10.2	95.6
淮安市区	3773	162.5	18.0	95.8
盐城市区	2021	45.2	5.8	95.2
扬州市区	3417	53.2	18.3	95.6
镇江市区	2400	46.0	10.8	97.3
泰州市区	2322	30.2	15.2	96.4
宿迁市区	1841	39.0	13.1	97.5

注：①数据来源于2021年江苏省统计年鉴。
②排水管道长度指所有排水总管、干管、支管、检查井及连接井进出口等长度之和。
③城市污水处理能力指污水处理厂（或处理装置）每昼夜处理污水量的设计能力。

(3)村镇污水处理排放要求

随着村镇水环境问题愈发被注意，部分地区加大市政排水设施的运行管理，完善村镇水务规范化管理工作。江苏省已编制并发布《农村生活污水处理设施水污染物排放标准》DB 32/3462—2020，该标准自2020年11月起施行，规定了农村生活污水处理设施水污染物排放的基本要求、技术要求、其他要求、监测与分析以及实施与监督，适用于设计日处理能力 < 500m³ 的农村生活污水处理设施的水污染物排放管理。

《农村生活污水处理设施物联网管理技术规范》DB 32/T4024—2021也已于2021年6月14日起实施，该标准规定了农村生活污水处理设施物联网管理的总体要求、设施分类与配置、物联网平台建设、数据要求及平台管理，适用于基于物联网技术对农村生活污水处理设施的远程监控管理。

(4)水资源利用情况与典型模式

江苏处在南北气候过渡地区，降雨时空分布不均匀，特殊的地理位置和气候条件决定了江苏省水资源有着明显的特征。但江苏省过境水较多，受到水利工程和资金方面的限制，可利用的水资源量有限。另外，南水北调工程输送量的提高，进一步降低了可供利用的农业用水量。第一产业是江苏省的用水大户，其中又以农田灌溉用水和林牧渔畜用水为主。

江苏省2010~2019年的人均水资源生态承载力在0.1936~0.6254 $hm^2 \cdot cap^{-1}$ 之间波动，总体呈下降趋势。人均承载能力最高的年份为2016年，最低值则出现在2019年，这是由于人均水资源承载能力与年水资源总量呈正相关，江苏省人口数量和用水需求逐年增加，而2019年降雨量较少，水资源量较少。

江苏省优化生产结构和工艺，推动经济发展绿色转型，2008~

2018年人均水资源生态足迹先降后升，2011年达到最高值，为1.1639 $hm^2 \cdot cap^{-1}$，2016年为最低值0.9365$hm^2 \cdot cap^{-1}$，之后的三年随着总用水量增加，人均水资源生态足迹略有增长。从其构成来看，人均生产用水量生态足迹占比最大，为90.94%~93.26%，其中以人均农田灌溉用水量生态足迹为主。《江苏省节约用水条例》和《江苏省农业灌溉用水定额》等节水文件颁布实施后，农田灌排基础设施不断完善，农田灌溉管理水平得到提高，农田灌溉用水量生态足迹逐渐下降。随着经济快速发展和生活水平的提升，用水需求不断增加，人均生活用水量生态足迹稳定增长，2019年达到0.0832$hm^2 \cdot cap^{-1}$，较2010年增加了16.44%。人均城镇环境用水量生态足迹自2016年起有所回升，充分体现了居民对良好生活环境的追求，以及生态文明建设和绿色宜居在城镇规划中的重要性。

2010~2019年，江苏省人均水资源生态承载力均低于同年度人均水资源生态足迹，即呈生态赤字状态。2012年生态赤字达到最大值，为0.8346$hm^2 \cdot cap^{-1}$，说明江苏省水资源供需不平衡。江苏省属于河网密集地区，降雨量相对充沛，但其时空分布不均匀，水资源利用效率有待提高，应充分利用降雨，优化水资源利用方式（图5.3-2、图5.3-3）。

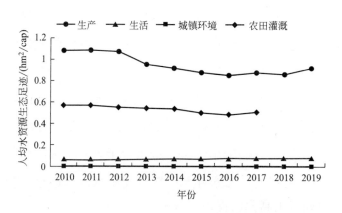

图5.3-2　江苏省2010~2019年人均水资源生态足迹（一）

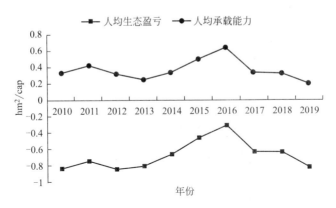

图 5.3-3　江苏省 2010～2019 年人均水资源生态足迹（二）

江苏省2010～2017年人均农田灌溉用水生态足迹占人均水资源生态足迹总量的48.50%～53.98%。研究表明，农业用水占江苏省南水北调受水区供水量的65%以上，贯彻水循环理念，提高灌溉用水效率，可有效减少用水量。对于降雨充沛、经济较为发达、人口分布相对集中的江苏省，优先考虑取用江河湖溪水，改善地下水超采。农田灌溉阶段改进技术，采用喷灌、滴灌等方式，在排水系统设计时可充分考虑雨污分流，把雨水通过收集、处理，应用于家庭冲厕；或处理后流入河流、池塘，作景观用水。污水处理技术的选用则主要考虑污染物处理效果、运行稳定性、环境影响等因素，可采用SBR、人工湿地等；污水经处理达标后，优先回用于用水量较多的农林牧渔业用水和工业用水。江苏省部分村镇已经结合农村改厕工作，实现厕所粪污经无害化处理后就近生态利用；生活污水通过人工湿地等方式处理后，实现尾水再利用（图5.3-4）。

5.3.3.2　西部干旱缺水地区——以甘肃省为例

（1）甘肃省区域概况

甘肃地处黄土高原、青藏高原和内蒙古高原三大高原的交汇地带，境内地形复杂，山脉纵横交错，海拔相差悬殊，高山、盆地、平川、

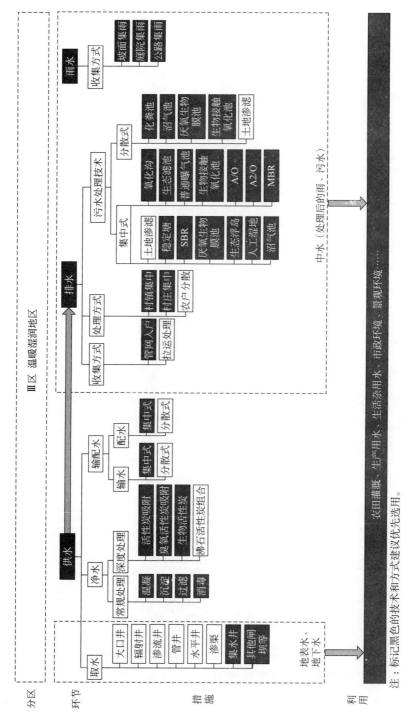

图 5.3-4 河网密集地区典型模式

沙漠和戈壁等兼而有之，是山地型高原地貌，多数山脉属西北-东南走向。地势自西南向东北倾斜，地形狭长，省内的森林资源多集中在这些山区，大多数河流也都从这些山脉形成各自分流的源头。甘肃省水资源主要分属黄河、长江、内陆河3个流域。

根据甘肃省《2021统计年鉴》[39]，甘肃省辖86个县级单位，共889个镇、305个乡；2020年城镇人口比重为52.23%，乡村人口比重为47.77%（表5.3-5）。

2020年各城市基本情况　　　　　表5.3-5

地级市	县级单位数	镇数	乡数	城镇常住人口比重/%	地区生产总值/亿元
兰州市	8	44	14	83.10	2837.36
嘉峪关市	0	3	0	94.43	283.4
金昌市	2	11	1	77.40	340.31
白银市	5	53	15	56.56	486.33
天水市	7	101	12	45.57	632.67
武威市	4	84	9	47.01	488.46
张掖市	6	48	8	51.29	448.73
平凉市	7	70	23	44.77	456.58
酒泉市	7	53	9	64.20	618.2
庆阳市	8	73	42	41.89	742.94
定西市	7	87	32	38.39	416.38
陇南市	9	140	51	36.18	445.09
临夏回族自治州	8	58	61	36.75	303.5
甘南藏族自治州	8	64	28	42.27	218.33

注：数据来源于2021年甘肃省统计年鉴。

2021年全省平均降雨量433.2mm，较常年同期偏多7.8%，较2020年偏少14.5%，为近5年最少。全年各月降雨量与常年相比，酒泉市中北部、兰州市中部、临夏州中部偏少2～8成，平凉市东部、庆阳市中南部、天水市东南部、陇南市南部偏多2～8成，其余地方接近常年同期。降雨最多中心在灵台，为1025.7mm（表5.3-6）。

2011～2020年甘肃省水资源情况　　　　表5.3-6

年份	水资源总量/亿m³	地表水资源量/亿m³	地下水资源量/亿m³	地表水与地下水资源重复量/亿m³	人均水资源量/(m³/人)
2011	272.1	263.8	128.4	120.1	1061.3
2012	300.7	292.7	139.1	131.2	1166.6
2013	303.2	295.5	139.1	131.4	1174.2
2014	230.8	222.9	112.6	104.7	891.0
2015	198.8	191.5	100.7	93.5	765.0
2016	209.6	202.0	108.7	101.1	803.0
2017	280.8	273.6	133.4	126.2	1069.0
2018	354.9	345.6	167.3	158.0	1345.7
2019	325.9	312.2	148.7	135.0	1231.0
2020	410.9	398.9	158.2	146.2	1642.2

注：数据来源于2021年甘肃发展年鉴。

（2）水环境情况

根据《2021年甘肃省生态环境状况公报》[40]，2021年74个地表水国控断面水质优良（达到或优于Ⅲ类）比例为95.9%，劣Ⅴ类水体比例为1.4%。其中Ⅰ～Ⅲ类水质断面71个，Ⅳ类水质断面1个，劣Ⅴ类水质断面1个。三大流域黄河、长江及西北诸河流域水质均为优，水质状况保持稳定。

在饮用水水源地方面，33个地级城市集中式饮用水源地中，受地质本底影响的酒泉市新西备用水源、定西市香泉水源、庆阳市五台山水库水源、庆阳市巴家咀水库水源水质出现超标，剔除本底影响后所有水源水质均达标。97个县级城市集中式饮用水源地中，肃北县城区水源和受地质本底影响的泰安县叶家堡水源，甘谷县城区水源、庆城县马岭东沟水源、庆城县马岭纸坊狗水源、环县庙儿沟水源、华池县鸭儿洼水源、宁县城区水源、镇原县尤坪水源水质出现超标，剔除本底影响后除肃北县城区水源超标外，其余水源水质均达标。

甘肃省近年来持续推进农村生活污水治理和环境整治，2021年农村污水治理率达到21.8%。各地区废水排放情况及治理设施建设情况如表5.3-7所示。

各地区废水排放及处理情况（2020年） 表5.3-7

地区	污水处理率/%	排水管道长度/km	污水排放量/万m³	污水处理厂处理能力/（万m³/d）
甘肃省	97.18	8035	48396	169.1
兰州市	96.35	3172	23858	72.0
嘉峪关市	98.50	708	799	2.4
金昌市	98.00	115	1349	8.0
白银市	95.12	342	2156	8.6
天水市	100.00	419	4511	20.0
武威市	97.51	221	2002	9.0
张掖市	96.62	477	2959	8.0
平凉市	98.50	566	1902	8.5
华亭市	96.80	177	378	1.4
酒泉市	99.00	411	2478	10.0
玉门市	95.60	184	373	2.0
敦煌市	98.02	106	445	3.0
庆阳市	99.07	268	1296	4.0
定西市	95.69	192	513	2.0
陇南市	98.19	174	959	3.5
临夏市	97.93	412	2048	5.5
合作市	95.95	90	370	1.2

注：数据来源于2021年甘肃发展年鉴。

（3）村镇污水处理排放要求

甘肃省地方标准《农村生活污水处理设施水污染物排放标准》DB 62/4014—2019，于2019年8月发布、2019年9月1日实施，适用于城镇建成区以外处理规模500m³/d以下（不含500m³/d）的农村生活污水处理设施水污染物排放管理，该标准规定了设施的范围、水污染物排放控制要求、检测要求等。

（4）水资源利用情况与典型模式

2010～2019年，甘肃省人均水资源生态承载力波动上升，最低值为 2015 年的 0.1112 $hm^2 \cdot cap^{-1}$，2018 年人均水资源生态承载力明显增加，达到最高值 0.1957 $hm^2 \cdot cap^{-1}$，这与年降雨量和年水资源总量增加有关。人均水资源生态承载力与区域年降水量、水资源用地的产量因子和人口数量直接相关。甘肃省处于西北干旱少雨地区，年水资源总量并不高，因此人均水资源生态承载力也低于江苏省，但二者间的差距逐年缩小。整体来看，近年来甘肃省水资源供需矛盾有所缓解，水资源生态系统与社会经济系统的协调性相对比较稳定。

甘肃省 2010～2019 年人均水资源生态足迹持续下降，2019 年的 0.6868 $hm^2 \cdot cap^{-1}$ 为最低值。人均农业用水生态足迹自 2014 年来逐年降低，但 2019 年仍在人均水资源生态足迹总量中占据绝对优势，为 77.82%。农业用水包括农田灌溉、林果地灌溉、草地灌溉、鱼塘补水和畜禽用水。人均城镇公共用水生态足迹呈增长趋势，2019 年较 2010 年增幅为 49.88%。人均生活用水生态足迹在 2013 年为最低值，随后又缓慢增加，2019 年的增长率最大，为 8.35%。人均生态用水生态足迹变化趋势与人均生活用水生态足迹相似，但其增长相对迅速，2015 年较上一年增加了 71.64%，说明随着经济社会发展，居民对环境质量的需求更高、更迫切（图 5.3-5）。

随着年降雨量增多，甘肃省人均水资源生态赤字状态有所缓解，年均增长率为 1.34%。这说明甘肃省生态保护与建设规划、城乡环境卫生整洁行动实施方案以及污染物减排计划、山水林田湖草项目等的实施已取得初步成效，对提高区域水资源利用效率、改善水生态环境和缓解水资源供需矛盾起到了积极作用。

甘肃省近年来聚焦提升农村供水保障水平，从政策指导、工程建设、运行管理、末端管护等方面持续发力，逐步提升农村供水保障能力和管理服务水平。供水工程应以稳定可靠水源与集中式规模化供水为主，小型供水为辅，争取政府资金投入的同时拓宽资金渠道，在有

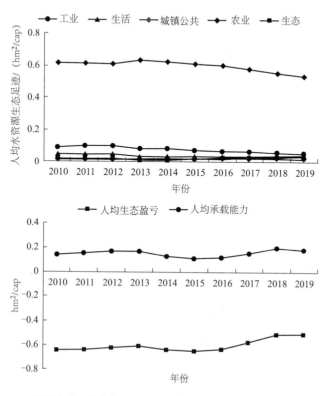

图 5.3-5　甘肃省 2010-2019 年人均水资源生态足迹

条件的地区推进数字化管理，保障村镇居民安全供水。

甘肃省 2010～2019 年人均农业用水生态足迹占人均水资源生态足迹总量的 77.34%～81.32%。同时甘肃省农田灌溉用水量占农业用水量的绝大部分，2019 年其比例为 90.11%，农田灌溉用水量是林牧渔畜用水量的 9 倍。由此可见，可优先考虑将处理达标的再生水回用于农田灌溉，特别是降雨匮乏地区，如甘肃省某村镇污水处理厂尾水达标后用于灌溉。因其经济条件一般、气候干燥，在污水处理达标的前提下，需综合考虑处理效果和经济性，即运行稳定性、基建成本、运行成本等。再生水回用阶段应兼顾城镇公共和生态用水，通过洒水降尘、河湖景观用水，优化生态环境，实现水资源化利用，同时有助于实现生态固碳和绿色宜居（图 5.3-6）。

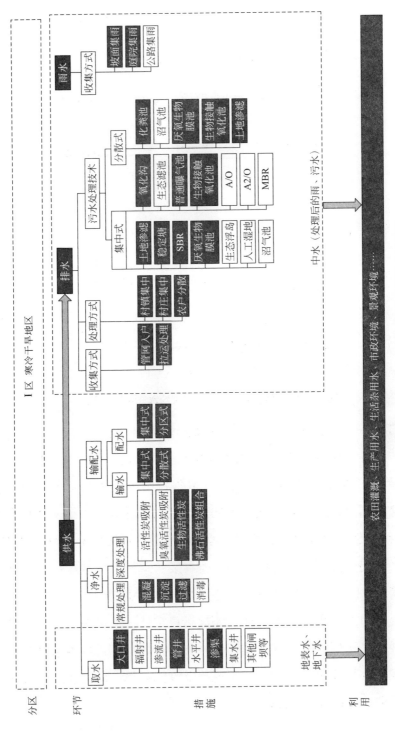

图 5.3-6 西部缺水地区水资源循环利用典型模式示意图

第6章　基础设施投融资创新机制和建设模式

6.1　农村基础设施属性

6.1.1　基础设施属性

基础设施作为提供给居民生产生活的设施，具有以下属性：

① 基础性。基础设施的基础性主要体现在以下两方面：一是基础设施所提供的产品和服务是其他生产部门进行活动的基础性条件，各类产业活动必须利用一定的交通、电力、通信等；二是基础设施所提供的产品和服务的价格构成了其他部门产品和服务的成本。因此，基础设施又被称为社会先行资本，它所提供的产品和服务的性能和价格的变化，必然会在其他部门产生连锁反应。

② 自然垄断性。基础设施自然垄断性的表现形式为：①基础设施具有大量的沉淀资本。每一类基础设施都建有自己的网络以输送能源、材料、信息、产品或人口，而网络的建设和维护费用巨大，是提供基础设施服务总成本的主要部分。而且，从资本规模和技术工程的角度看，基础设施必须一次性进行大规模投资，这种投资具有不可分割性。此外，基础设施项目规模宏大，且各部分相互联系、互为依存，缺一不可，必须同时建成才能发挥作用，因而一开始就需要有最低限度的大量资本作为创始资本，少量、分散的投资不起作用。基础设施投资的不可分割性决定了基础设施的初始投资巨大，由于大部分物质性基础设施的资产具有耐用性、专用性和非流动性，资产不易出售或转作

他用，因而投资一旦实施，就会形成大量的沉淀资本，而变动成本的比重较小，从而在客观上形成了市场进入障碍，即使没有管制，竞争者也不容易进入市场，由此更加强了某些基础设施服务的自然垄断性。②服务的地区依附性。物质性基础设施，提供的是服务而不是产品。这些服务的显著特点是只能就地生产、就地消费。基础设施服务的地区依附性使得基础设施服务的提供依赖于一定的地区和特定的路线。③规模经济性。同一系统向不同的行业或系统提供服务比不同系统向同一行业提供服务的效益要高。如居民与商业用户对水、电、通信服务的要求不同，居民的使用时间一般在工作时间之外，而商业用户则在工作时间之内使用，两种服务之间有很强的互补性。在这种情况下，使用同一网络提供服务比用不同的网络提供服务的成本小，效益高。与此同时，不能无限制地扩大规模。当某一垄断行业的服务超出负荷时，成本增加的程度大大高于效益。基础设施自然垄断性的存在意味着在现有的需求水平上，随着服务提供量的增加，提供服务的边际成本递减，提供服务的平均成本也会随提供服务量的增加而不断下降。

③ 外部性和公共物品性。除了不拥挤的乡村公路外，基础设施提供的服务很少具有纯公共产品性[41]，但外部性却并不罕见。例如，污水、垃圾的处理及向居民提供洁净的饮用水有利于人民健康和环境保护；饮用水的供应将减少河水流量，改变河流的原有面貌，甚至影响河内及沿岸的生态系统；交通运输造成空气污染和温室效应等。认识基础设施服务的外部性有利于设计合理的基础设施收费制度。

基础设施的建设是以项目形式进行，还兼有建设项目的属性：

① 遵循必要的建设程序和特定的建设过程，从项目构想、建议、方案选择、评估、决策、勘察、设计、施工直至竣工验收、投入使用均有一个有序的全过程；

② 在一个总体设计范围内，由一个或若干个相互关联的单项工程所组成；

③ 具有一次性的组织管理形式，建设地点固定；

④ 有财务可行性和经济性；

⑤ 投资额大，且具有特定的约束条件如时间约束（即建设工期目标）、资源约束（即投资目标）、质量约束，以形成固定资产为特定目标。

6.1.2　农村基础设施的属性和经济性类型

农村基础设施属于基础设施的范畴，除了具有基础设施的以上属性外，由于农村地区人口密度较低，气候、资源、经济情况不同，其基础设施还具有以下属性：

① 投资收益小。2021年，我国城镇化率为64.72%，到2030年我国城镇化率将达到70%[42]。农村常住人口将持续每年减少，且大多数农村村庄分散、农业生产具有季节性特点，造成常用农村基础设施的潜在用户数量有限，基础设施建设规模效应小和可经营性较弱，导致投资者的收益少，不太可能吸引大型资本或机构投资者的资金。

② 技术能力普遍较弱。农村地区的技术能力普遍较弱，这更可能成为农村基础设施项目公共管理当局和私人资本发起人投资的制约因素。

③ 以项目建设吸引社会资本投资的风险大。因普遍缺乏农村基础设施投资绩效的具体信息，造成私人投资者的风险认知高于城市基础设施。

④ 农村基础设施的纯公共品属性和准公共品属性突出。前者兼具非竞争性、非排他性及非分割性，其边际成本为零、边际拥挤成本为零；后者仅具备非竞争性或非排他性。

农村基础设施在广大农民的生产生活和城乡融合发展中具有巨大的社会、环境和经济效益。党的十八大以来，我国进入城乡区域经济协调、绿色生态导向、可持续新时代发展阶段，我国农村基础设施建设也必须实现绿色发展，大力发展可再生能源、清洁能源设施和网络共享、消防赈灾疏散等城乡协同发展设施。

资金是支持保障农村基础设施建设与运营的基础。考虑到资本的逐利性和农村基础设施的经济属性，将农村基础设施分为非营利性和营利性基础设施（其中营利性基础设施又细分为准经营性与经营性基础设施两类），见表6.1-1。

农村基础设施的分类　　　　　　　　表 6.1-1

基础设施类型		
非营利性基础设施	营利性基础设施	
	准经营性基础设施	经营性基础设施
道路交通 便民服务机构 公共卫生 应对气候设施	供水 排水 医疗 教育 养老服务	通信 能源 金融邮电 商业服务 文化体育设施

非营利性基础设施也即纯公共品，是用于满足社会公共需要，为整个社会共同消费的物品，其边际成本为零，边际拥挤成本为零，建成后无现金流入或少许现金流入、公益性较强的基础设施，一般由政府提供，如农村道路交通、公共卫生、应对气候建设的设施等。

营利性基础设施是准公共品性质的设施，兼具公共物品和私人物品属性，由政府和市场共同分担。其中，公共物品属性较大的基础设施为准经营性，其特点是基础设施本身可以产生一定现金流入，但现金流入不足以填补建设、运行与风险成本；在可预见的时间里达不到企业的基准收益，需要政府给予相应的财政补贴与税收优惠才能正常经营，如农村供水、污水处理、乡村医院等。私人物品属性较大的基础设施为经营性设施，具有连续利润流和间断利润流的设施，建成后收益在填补成本的同时还能达到投资方目标收益率，如农村商业设施、能源设施等。

6.2 基础设施利益相关者及投资意愿分析

目前关于利益相关者可以归纳为广义和狭义两大类。其中广义的定义是指既能对组织目标的实现造成影响，同时又能被其影响的个人或者群体。狭义的定义是指为企业运营投入过一定的成本，并且也承担企业运营所产生的风险的个人或者群体。从以上两种定义中可以发现，利益相关者是指可以承担企业风险、共享企业利益的，对企业运营能够产生影响并且也会被影响的个人或者群体。现在对利益相关者的研究越来越多，不仅仅是局限在企业运营上，很多其他项目也都有自身的利益相关者，我国绿色宜居村镇基础设施投融资的利益相关者主要有政府、村集体、村镇居民和企业，因为村集体代表了所有或者大部分村民的利益，因此可将村集体并为村民，即政府、村镇居民和企业三大类。

6.2.1 村镇居民

目前我国农村地区许多村民对于闲置资金的运用方式，多半是自我保存、储存银行，也有许多村民将资金放入余额宝、微信中，除此之外几乎没有其他投资方式。村民作为基础设施的直接使用者和受益人，在基础设施建设过程中参与性却不高。研究团队对陕西A县，河北B县，广西C县，江苏D县，贵州E县，海南A、B市等六个省份七个地区进行了调研。村民参与基础设施投资金额与投入比例调查结果如图6.2-1显示，约75.84%的村民未参与过基础设施建设投资，只有不到20%的人参与过基础设施建设投资，投入金额主要集中在1000元以下，更多的是投入劳动。

为研究村民参与基础设施意愿，研究团队针对村民是否知道参与基础设施建设的渠道以及政府提供参与渠道，村民参与基础设施投资意愿等问题，对河北B县、贵州E县以及海南A、B市的村民进行数据调查。如图6.2-2显示，尽管53.36%（超过1/2）的村民不知道参与基础设施建设的渠道，但图6.2-3显示，在村民不知道具体的基础设施建

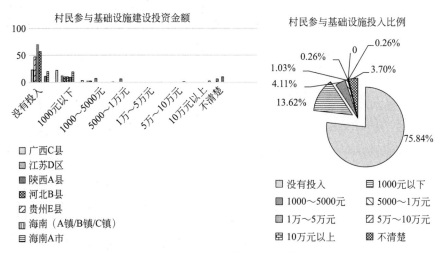

图 6.2-1 村民在基础设施建设中的投入比例

设投资渠道情况下，63.8%的村民愿意参与基础设施建设投资。而且如果政府提供投资渠道，如图6.2-4所示，愿意参与基础设施建设的村民增加至66.67%（接近2/3），较不知道投资渠道、村民投资意愿的比例提高了约2%，且出资金额在1000～3000元的村民所占比例有所增加，尽管此类金额数目不大，但可用于村里小型基础设施的建设或是用于村里的基础设施的运行与维护。

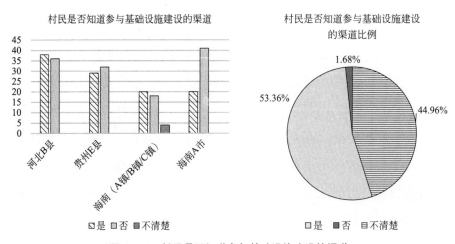

图 6.2-2 村民是否知道参与基础设施建设的渠道

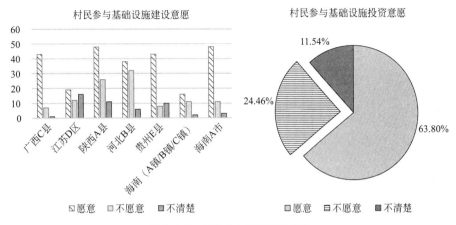

图 6.2-3　村民参与基础设施意愿

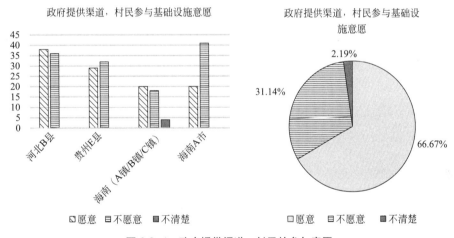

图 6.2-4　政府提供渠道，村民的参与意愿

图 6.2-5 显示，由于对基础设施投资的了解较少，接近 80% 的村民对基础设施的投资无收益率要求，低于 20% 的村民对基础设施投资有收益要求；另外，还有接近 1/3 的人不愿意进行出资，原因主要来自于三方面（图 6.2-6）：一是村民收入不多，这是主要方面；二是部分村民认为投资没有收益；三是部分村民认为基础设施建设是政府的事，无需自身参与。

综上分析，随着乡村振兴的推进，村民收入增加、生活水平和综

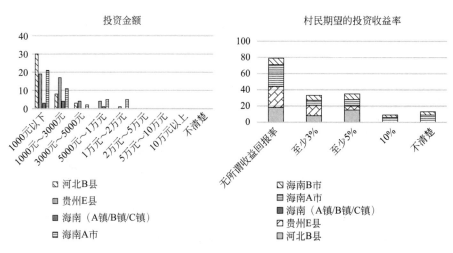

图 6.2-5 政府提供渠道，村民意向的投资金额及期望的投资收益

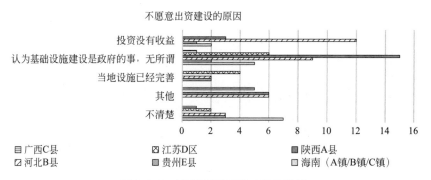

图 6.2-6 村民不愿意出资建设的原因

合素质的提高，对生活质量要求提高，在村镇基础设施建设过程中，村民作为基础设施的使用者，村民有意愿参与基础设施投资。虽然资金数额不大，但可以鼓励引导村民参与基础设施建设，一方面当地基础设施的完善能方便其生活，另一方面若其投资有政府作为担保，则能将闲散资金利用起来，赚取收益，提高收入。

6.2.2 政府

政府始终是一个国家的代表、人民群众和人民利益的代表。政府部门对于绿色宜居村镇基础设施的投资主要源自两方面：一是农村基础设施具有纯公共品属性和准公共品属性，政府是纯公共品的提供者，满足社会公共需要；二是基础设施是"先行资本"，基础设施建设既可以有效拉动投资，又可带动当地经济发展，满足人民生产生活需要。但目前我国部分地方政府财政收入不足，有的还存在债务风险，导致投入到村镇基础设施的建设资金不足。为充分提供作为纯公共品和准公共品的基础设施，尽管政府财政不足，但政府制定相应政策措施激励社会资本参与农村基础设施建设与完善至关重要。

政府作为进行社会管理的机关，具有一定的职能，可以采取财政政策工具来促进社会资金的合理配置，促进当地的经济发展，在农村基础设施建设上也是如此，基础设施的公共产品属性决定了政府一定是基础设施的投资主体之一。无论是营利性还是非营利性基础设施，政府都必然是其投融资主体之一。对于营利性基础设施而言，如果企业参与，则政府可以大大减少在基础设施上的财政出资，由此可将财政资金用于更多其他公共服务，以提升村民福利和政府工作绩效，此时，政府可以通过财政政策工具的应用影响基础设施投资的收益和风险，进而影响企业投资农村基础设施的意愿，达到刺激或调节外部资本参与基础设施投融资的目的。对于非营利性基础设施而言，政府很难吸引企业参与，因此必须进行大量的财政出资。

6.2.3 企业

企业的经营目的是盈利，对于非营利性基础设施而言，企业一般不会参与其中，但对于营利性基础设施而言，企业参与符合其经营管理的目标，具有一定可行性。对于企业而言，某一农村基础设施的投资是其众多投资项目之一，根据投资组合理论，企业将基于自身的风险偏好，根据所投资的基础设施和其他投资项目的收益和风险的情况，进行最优的投资组合决策，决定是否可以投资农村基础设施以及应该投资多少，以实现自身效用的最大化。如果投资的基础设施项目的预期收益高,风险小,则企业对农村基础设施的投资会相应增大;反之,如果投资农村基础设施的预期收益小,风险大,则企业的投资意愿会较小。

6.3 基础设施投融资利益相关者的作用机理研究

6.3.1 非营利性基础设施投融资利益相关者的作用机理研究

(1)农村非营利性基础设施投融资利益相关者博弈模型构建

① 村民的基础设施投资决策

假设有 n 个村民,村民 i 为其中的一个代表性村民。对于村民来说,其效用来自于三个方面:商品和服务的消费、农村基础设施、政府给村民提供的公共服务。其中,商品和服务属于私人消费,需要村民独自承担,记村民 i 的私人消费量为 C_i,商品价格为 P_C,则村民 i 的私人消费总支出为 $P_C C_i$。农村基础设施是公共产品,可以由村民群体承担,也可以由政府承担,或者共同承担,取决于基础设施的投融资方式。记农村基础设施的供给量为 S,基础设施的单位价格为 P_S,村民 i 的农村基础设施投资额为 F_i,政府的农村基础设施投资额为 F_G。要提供数量为 S 的基础设施,需要的融资额为 $P_S S$,这个融资额等于村民整体的投资总额加上政府的投资额;政府提供的公共服务,主要由政府承担,记公共服务的供给量为 V,价格为 P_V,$P_V V$ 为政府的公共服务总支出。假设村民 i 的收入为 M_i,村民 i 的决策为如何在收入的约束下,选择最优的私人消费 C_i 和村镇基础设施投资 F_i,实现其效用函数的最大化,用数理模型描述如下:

$$\underset{C_i,F_i}{\text{Max}} U_i(C_i,S,V) = C_i^{\alpha_i} S^{\beta_i} V^{\gamma_i}$$

$$S.T. M_i \geq P_C C_i + F_i$$

$$P_S S = \sum_{i=1}^{n} F_i + F_G$$

$$C_i \geq 0, F_i \geq 0$$

其中，$U_i(C_i,S,V)$ 为村民 i 的效用函数，设为柯布－道格拉斯的效用函数形式。α_i、β_i、γ_i 分别为私人消费 C_i、农村基础设施 S、政府公共服务 V 的效用弹性系数，代表村民 i 对这三种物品和服务的偏好，且满足 $0 \leq \alpha_i, \beta_i, \gamma_i \leq 1$，$\alpha_i+\beta_i+\gamma_i=1$，弹性系数越大，则代表对该物品越偏好。一般情况下，村民都会有私人消费和参与基础设施投资的部分，即 $C_i > 0, F_i > 0$。且村民的收入有限，不会出现剩余的收入用于消费和基础设施投资的边际效用为零的极端情况，所以 $M_i = P_C C_i + F_i$ 是正常的状态。在 $C_i > 0, F_i > 0, M_i = P_C C_i + F_i$ 的一般情况下，利用库恩塔克定理求得到村民 i 对于农村基础设施投融资的最优决策为：

$$F_i^* = \frac{\beta_i}{\alpha_i+\beta_i} M_i - \frac{\alpha_i}{\alpha_i+\beta_i} \left(\sum_{j \neq i}^{n} F_j + F_G \right)$$

从上式可以看出，单个村民对于农村基础设施的投资决策取决于三个方面：第一，村民自身的收入 M_i。一个村民的收入越高，则其意愿投资建设基础设施的出资额度也会越大。第二，村民对私人消费的偏好 α_i 和基础设施使用的偏好 β_i 的相对关系。如果一个村民相对于私人消费更喜欢使用公共基础设施，也即 β_i 相对于 α_i 越大，则其更愿意出资建设农村基础设施，反之亦然。第三，他人出资建设基础设施的额度。如果其他村民的出资总额 $\sum_{j \neq i}^{n} F_j$ 和政府的出资额 F_G 越大，则这个村民意愿投资基础设施的出资额度就越小，即出现所谓的"搭便车"现象。

② 政府的基础设施投资决策

政府具有公共管理职能，需要为社会提供基础设施公共产品和公共服务，在对地方政府进行绩效评价时，会对这两个方面进行考量。为完成绩效考核目标，政府需要在有限的财力下处理好投资基础设施和提供公共服务的关系。假设政府的目标函数为 $U_G(S,V) = S^\delta V^\eta$，其中 δ 和 η 分别是基础设施投资和公共服务对绩效目标的贡献弹性系数，这两个系数的大小取决于绩效评价制度。政府的目标是在财政收入约束的

条件下,在基础设施和公共服务之间分配财政投入,以实现目标函数的最大化,即:

$$\underset{F_G, F_V}{\mathrm{Max}}\, U_G(S,V)=S^\delta V^\eta$$

$$\mathrm{S.T.}\ \ R \geqslant F_G+F_V$$

$$S=\left(\sum_{i=1}^n F_i + F_G\right)/P_s$$

$$V=F_V/P_v$$

$$F_G \geqslant 0, F_V \geqslant 0$$

其中,R为政府的财政收入,F_V为政府的农村公共服务投入额,P_V为公共服务的单位价格。同样利用库恩塔克定理求解上述最优化问题,可得在财政预算约束正常情况下,政府对农村基础设施投资的最优决策为:

$$F_G^* = \frac{\delta}{\delta+\eta} R - \frac{\eta}{\delta+\eta} \sum_{i=1}^n F_i$$

同村民的基础设施投资决策类似,政府的基础设施投资决策也取决于三个方面:第一,政府的财政收入,如果政府的财政收入R越大,则政府用于农村基础设施的投资额相应会增加;第二,绩效评价制度对于基础设施和公共服务的偏重程度,如果绩效评价制度相对于公共服务更重视对基础设施的评价,即δ相对于η越大,则政府更愿意把财政收入分配于农村基础设施的投资;第三,村民的基础设施投资总额。如果全体村民对基础设施的自我融资额大,则政府可以少投资于基础设施,用更多的财力用于公共服务。

(2)农村非营利性基础设施投融资利益相关者博弈模拟及分析

由于农村基础设施是多个村民主体和政府之间的复杂博弈,为使模型能刻画真实复杂的现实情况,本书运用NetLogo软件对所构建的博弈模型进行复杂适应系统模拟。在模拟中将主体设置为普通村民、富裕村民和政府三类。普通村民和富裕村民的基础设施投资行为规则参照村民的行为决策公式进行设置，政府的基础设施投资行为规则参照政府的行为决策公式进行设置，考虑到投资额的非负约束条件，如果投资额出现负数，则令投资额变量等于0。接着分别对普通村民之间、普通村民与富裕村民之间以及政府和村民之间进行博弈模拟，在博弈达到均衡后，计算各主体的投资和效用的情况，将数据导出并绘制图形进行相应的量化分析。

① 普通村民之间的基础设施投资博弈模拟

首先模拟当只有普通村民参与，没有富裕村民和政府参与时的基础设施投融资情况，此时将模拟分为两部分，即分别模拟在不同收入分布状态下村民的投资额，以及村民对于私人消费和对于基础设施使用的不同偏好下的基础设施投资额。

为此设置普通村民的个数为100，富裕村民和政府个数为0；我国农村居民2019年人均可支配收入是16021元，出于简洁起见，设定普通村民的收入均值为20000元；考虑到普通村民对于私人消费的偏好可能相对较大，而对农村基础设施和政府公共服务的偏好相对较小，为此设定普通村民对私人消费的偏好均值为0.5，对农村基础设施使用的偏好均值为0.3，对政府公共服务的偏好为均值0.2；由于基础设施和公共服务的价格相对于私人商品和劳务的价格要大，为此设置基础设施和公共服务的单位价格为1000，私人商品价格为10。

A. 不同收入分布状态的博弈模拟

首先模拟在不同收入分布状态下村民的投资额。由于在自然现象和社会现象中，大量随机变量都服从或近似服从正态分布[43]，而通过中国家庭金融调查（CHFS）对于家庭收入的调查数据，家庭收入在同一类似群体也大体呈现"中间大、两头小"的钟形特征，因此模型假设普通村民的收入服从常见的正态分布，利用正态分布随机数生成器生成每个普通村民的收入。首先设定普通村民的偏好参数一样，只改变普通居民收入的方差，分别把收入方差设为0、50、500三个不同数值，模拟不同收入分布状态下普通村民的基础设施投融资情况并绘制成柱状图。

如图6.3-1和图6.3-2所示，当普通村民收入方差为0时，即在所有村民收入都一样的情况下，所有的村民对于基础设施的投资都会出同样的份额，总投资额为11928元，这个数字和村民的收入总额2000000元相比较小；如图6.3-3和图6.3-4所示，当村民的收入方差为50时，即当村民的收入差异有了一点点变化后，可以看出，尽管收入差异很小，但村民的基础设施投资行为却出现了较大差异，有些村民投资会稍多一些，而有些村民则投资很少甚至根本不出钱，"搭便车"现象开始出现，但总投资额和之前相比几乎没有什么变化；由图6.3-5和图6.3-6所示，当村民的收入方差为500时，即当村民的收入差异进一步扩大后，其投资行为差异也进一步扩大，有个别村民会投资1000多

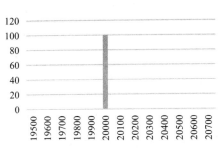

图6.3-1 普通村民收入方差为0的收入分布（普通村民收入总额2000000元）

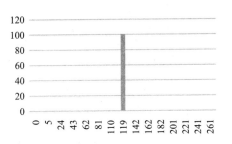

图6.3-2 普通村民收入方差为0的投资分布（普通村民投资总额=11928元）

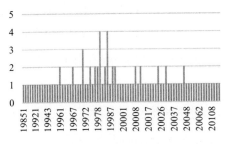

图6.3-3 普通村民收入方差为50的收入分布（普通村民收入总额1999847元）

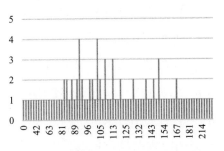

图6.3-4 普通村民收入方差为50的投资分布（普通村民投资总额=11927元）

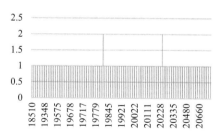

图 6.3-5 普通村民收入方差为 500 的收入分布（普通村民收入总额 1998468 元）

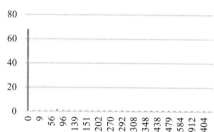

图 6.3-6 普通村民收入方差为 500 的投资分布（普通村民投资总额=12103 元）

元，但更多的村民选择投资为 0，"搭便车"现象越来越严重，且总投资额变化不大。虽然收入分配的扩大会造成村民投资行为出现大的差异，但村民对基础设施的投资总额并未有显著变化，其投资总额对于农村基础设施来说是远远不足的。

B.不同偏好分布状态的博弈模拟

其次模拟村民对于私人消费和对于基础设施使用的不同偏好下的投资额，模型假设村民对于私人消费和对于基础设施使用的偏好也都服从正态分布，利用正态分布随机数生成器生成普通村民私人消费和基础设施使用偏好系数。固定普通村民的收入都为 20000 元，分别改变村民私人消费偏好系数的方差后进行模拟分析。

图 6.3-7 和图 6.3-8 是改变普通村民私人消费偏好系数的方差后的投资情况，图 6.3-9 和图 6.3-10 是改变普通村民基础设施偏好系数的方差后的投资情况，由此可以看出，普通村民不管是私人消费偏好出现差异还是基础设施偏好出现差异，都会使得普通村民对于基础设施的投资行为出现变化。但偏好差异较小的时候，有的村民出资较多，有的村民出资较少，但当偏好差异进一步扩大时，就会出现大部分普通村民存在投资为 0 的 "搭便车" 行为。和收入差异一样，尽管偏好的差异会引起个体村民投资的差异，但总体的基础设施投资水平并未有显著变化。

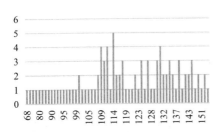

图 6.3-7　普通村民私人消费偏好系数方差为 0.0005 的投资分布图（普通村民投资总额：11928 元）

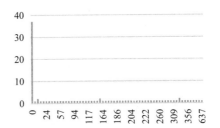

图 6.3-8　普通村民私人消费偏好系数方差为 0.005 的投资分布图（普通村民投资总额 =11964 元）

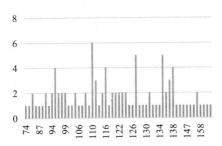

图 6.3-9　普通村民基础设施偏好系数方差为 0.0003 的投资分布（普通村民投资总额：11929 元）

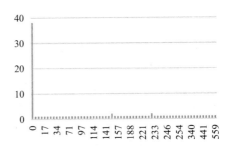

图 6.3-10　普通村民基础设施偏好系数方差为 0.003 的投资分布图（普通村民投资总额 =11971 元）

② 普通村民与富裕村民的基础设施投资博弈模拟

在模拟模型中，引入富裕村民，改变富裕村民的数量，考察农村存在收入较高的富裕村民情况下，村民的基础设施投融资表现。

A.1 个富裕村民和普通村民的博弈模拟

把普通村民收入均值和方差设定为 20000 元和 50，私人消费偏好的均值和方差为 0.5 和 0.0005，基础设施偏好的均值和方差为 0.3 与 0.0003 的一般情形，模拟在没有富裕村民存在下的投资分布。然后把富裕村民的主体个数设为 1，富裕村民的偏好设定和普通村民的均值一样，模拟此富裕村民的收入分别为 25000 元、30000 元、40000 元情况下的投资情况。

由图 6.3-11 与图 6.3-12 可以看出，当没有富裕村民，大家的收入都差不多时，普通村民的投资总额大约是11929元，如果出现了1个收入稍微比普通村民高一些的富裕村民，普通村民"搭便车"的现象就增多了，全体普通村民的投资总额降到了6897元，收入稍高一些的富裕村民一个人出资了5064元，承担了很大比例的基础设施投资（图6.3-13）。如果富裕村民的收入再高一些，普通村民"搭便车"的现象越来越严重，当富裕村民收入为40000元时（如图6.3-14），普通村民全体选择"搭便车"，全部基础设施投融资都由富裕村民出资。

B. 多个富裕村民和普通村民的博弈模拟

把富裕村民的数量逐步增加，富裕村民的收入均值设为30000元，方差为1000元，其他变量保持不变，模拟富裕村民数量逐步增加的普通村民和富裕村民的投资情况。

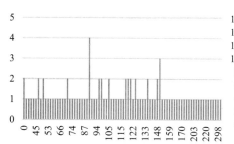

图6.3-11 没有富裕村民情况下，普通村民投资分布图（普通村民投资总额=11929元）

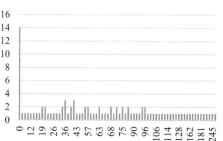

图6.3-12 富裕村民收入为25000元情况下，普通村民投资分布图（普通村民投资总额=6897元，富裕村民投资=5064元）

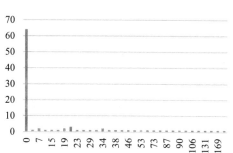

图6.3-13 富裕村民收入为30000元情况下，普通的投资分布图（普通村民投资总额=2018元，富裕村民投资=9989元）

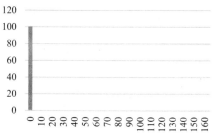

图6.3-14 富裕村民收入为40000元情况下，普通村民的投资分布图（普通村民投资总额=0元，富裕村民投资=15000元）

不同数量富裕村民情况下村民的基础设施投融资情况表　　表 6.3-1

单位：元

富裕村民个数	普通村民投资总额	富裕村民投资总额	基础设施投资总额
0	11929	0	11929
1	3248	8743	11991
2	0	13371	13371
3	0	14373	14373
4	0	15212	15212
5	0	16447	16447
10	0	17178	17178
20	0	17492	17492

数据来源：通过博弈模拟结果整理得出

由表 6.3-1 可以看出，在没有富裕村民的时候，普通村民会出资建设基础设施。当有一位收入较高的富裕村民后，普通村民整体就投资减少了，当富裕村民数量越来越多时，普通村民的投资总额将越来越少直至为 0。但由于富裕村民之间也存在"搭便车"心理，富裕村民人数的增多，其基础设施投资总额只是少量增长，并没有出现大幅增加的情况。

③ 政府与村民的基础设施投资博弈模拟

当引入政府参与时，把政府基础设施投资和公共服务对绩效的贡献弹性系数设置为一样，都为 0.5。普通村民的参数设定和前边一样。富裕村民数量设为 10，收入设为 50000 元，方差为 1000，私人消费和基础设施偏好的均值为 0.5 和 0.3，方差为 0.0005 和 0.0003。改变政府的财政资金数量，模拟政府和村民的基础设施投融资行为。

不同财政资金下政府和村民的基础设施投融资情况表　　表 6.3-2

单位：元

政府财政资金	政府基础设施投资总额	普通村民投资总额	富裕村民投资总额	基础设施投资总额
0	0	0	28502	28502
500000	250000	0	0	250000
1000000	500000	0	0	500000
2000000	1000000	0	0	1000000
5000000	2500000	0	0	2500000

数据来源：通过博弈模拟结果整理得出

由表6.3-2可以看出，如果没有政府参与或政府没有财政资金，其基础设施投融资主要由富裕村民出资，普通村民全体会选择"搭便车"。但如果有政府财政参与，富裕村民也不出资了，农村的基础设施全部由政府来承担。

（3）农村非营利性基础设施投融资博弈结果分析的主要结论

通过对普通村民、富裕村民以及政府之间关于农村非营利性基础设施投融资的博弈模拟，可以得出以下结论：

第一，在只有普通村民参与的情况下，如果没有收入和偏好的差异，普通村民会进行相等的基础设施投资小额投资；如果具有收入和偏好的差异，普通村民则会产生不同的投资表现，且差异越大"搭便车"行为越严重。两种情况下，普通村民自发的基础设施投资总额相对于收入都只是很小的一部分。

第二，在有富裕村民参与的情况下，大部分甚至全部普通村民会选择"搭便车"，基础设施的投资基本由富裕村民承担，但富裕村民对于基础设施的出资也是有限的。此外，富裕村民数量的增多不会带来基础设施投资的显著提升，基础设施投融资的困境依然存在。

第三，在有政府参与的情况下，不管是普通村民还是富裕村民，都不会参与农村基础设施的投资，而完全由政府提供。政府的基础设施投资额与村民自发的基础设施投资额相比，数额大幅度增加。

第四，为了确保上述博弈模拟具有稳健性，本书分别改变模型的不同参数进行稳健性检验。结果显示，分别改变村民的人数、价格、普通村民收入和偏好的均值、普通村民私人消费偏好系数均值、基础设施使用偏好系数均值、公共服务偏好系数均值、政府的绩效贡献弹性系数，再次进行博弈模拟分析，研究发现整体研究结论与之前的模拟结果的结论一致，因此本书的博弈模拟分析是稳健的。

6.3.2 营利性基础设施投融资利益相关者的作用机理研究

对于营利性基础设施投融资而言,企业出于盈利目的可以参与其中,但对于人口密度偏低且分布极其分散的农村基础设施,世界各国企业的参与度都较低,因此,政府可通过财政政策工具的应用影响基础设施投资的收益和风险,影响企业投资农村基础设施的意愿,达到刺激或调节外部资本参与基础设施投融资的目的。

(1) 农村营利性基础设施投融资利益相关者博弈模型构建

假设有一营利性的农村基础设施需要建设,该基础设施需要投入的固定资本量为 $\bar{K}$,此外还需要其他固定的生产要素投入如土地和劳务等,记为 $\bar{H}$。固定的资本量 $\bar{K}$ 和土地等生产要素 $\bar{H}$ 可产出基础设施 S,生产函数设为柯布-道格拉斯生产函数形式,即:$S(\bar{K}, \bar{H}) = A\bar{K}^a\bar{H}^b$,其中 A 为技术参数,a、b 分别为资本和土地生产要素的产出弹性系数。

① 企业的基础设施投资决策

对于企业而言,某一农村基础设施的投资是其众多投资项目之一。根据投资组合理论,企业将基于自身的风险偏好,根据该基础设施和其他投资项目的收益和风险的情况,进行最优的投资组合决策,决定是否可以投资农村基础设施及其投资额,从而实现自身期望效用的最大化。

设企业的效用函数为常用的常绝对风险厌恶效用函数形式:$U_E(\tilde{W}) = -e^{-\rho\tilde{W}}$。其中,$\tilde{W}$ 为企业的财富,是一个随机变量。$\rho \geq 0$ 是企业的风险厌恶系数。设企业有自有资本 K_E,农村基础设施投资项目的预期收益率为 $E(\tilde{r}_i)$,方差为 $\mathrm{Var}(\tilde{r}_i)$,其他的投资项目预期收益率为 $E(\tilde{r}_j)$,方差为 $\mathrm{Var}(\tilde{r}_j)$。农村基础设施投资项目和其他投资项目收益的协方差为 $\mathrm{Cov}(\tilde{r}_i, \tilde{r}_j)$。企业利用自有资本对农村基础设施投资的比例为 ω_i,对其他投资项目投资的比例为 ω_j。企业投资组合的单位资本收益率为 $\tilde{r}$。由数学期望和方差的性质易得,企业投资组合的单位资本期望收益率为：$E(\tilde{r})=\omega_i E(\tilde{r}_i)+\omega_j E(\tilde{r}_j)$，单位资本承担的风险（用方差衡量）为：$\mathrm{Var}(\tilde{r})=\omega_i^2 \mathrm{Var}(\tilde{r}_i)+\omega_j^2 \mathrm{Var}(\tilde{r}_j)+2\omega_i \omega_j \mathrm{Cov}(\tilde{r}_i,\tilde{r}_j)$。企业使用自有资本投资获得的财富为自有资本乘上单位资本收益率，即：$\tilde{W}=K_E\tilde{r}$。企业决策利用自有资本选择最佳的投资组合，实现期望效用的最大化，用优化模型表述如下：

$$\mathrm{Max}\ E[U_E(K_E\tilde{r})]=E(-e^{-\rho K_E\tilde{r}})$$

$$S.T.\ \omega_i+\omega_j=1$$

求解上述优化问题，可得企业对于农村基础设施投资的最优比例为：

$$\omega_i^*=\frac{E(\tilde{r}_i)-E(\tilde{r}_j)+\rho K_E[\mathrm{Var}(\tilde{r}_j)-\mathrm{Cov}(\tilde{r}_i,\tilde{r}_j)]}{\rho K_E[\mathrm{Var}(\tilde{r}_i)+\mathrm{Var}(\tilde{r}_j)-2\mathrm{Cov}(\tilde{r}_i,\tilde{r}_j)]}$$

企业意愿投资农村基础设施项目的资本为：$K_{Ei}^*=\omega_i^* K_E$。由上式可知，企业投资农村基础设施的比例，与农村基础设施的预期收益率 $E(\tilde{r}_i)$ 和风险 $\mathrm{Var}(\tilde{r}_i)$ 相关，如果预期收益高，风险小，则企业对农村基础设施的投资会相应增大。

② 村民的基础设施投资决策

假设有 N 个村民，村民 n 为代表性村民，其效用函数取决于消费的一般商品、使用的农村基础设施和享受的政府公共服务，设村民 n 的效用函数为柯布－道格拉斯效用函数形式：$U_n(C_n,D_n,V)=C_n^{\alpha_n} D_n^{\beta_n} V^{\gamma_n}$。其中，$C_n$ 为村民 n 的一般商品私人消费，D_n 为村民 n 的营利性基础设施消费，V 为政府提供的公共服务。α_n、β_n、γ_n 分别为村民 n 对一般商品消费、基础设施消费和公共服务享用的效用弹性系数。设一般商品消费的价格为 P_c，基础设施消费的价格为 P_s。基础设施需要村民们共同提供生产要素 $\bar{H}$，每提供一单位生产要素可获得相应的成本补偿或报酬，设单位生产要素使用需支付的价格为 P_H。生产要素由村民整体提供，然后按照人头分配收入，每个村民可获得生产要素收入为：$(P_H \bar{H})/N$。除了生产要素收入，村民 n 还有自己的其他收入 $\tilde{M}_n$。村民的收入 $\tilde{M}_n$ 会有波动，具有一定的不确定性，从而会影响到村民对营利性基础设施的消费需求，进而影响营利性基础设施收益，是基础设施投资风险的来源之一。村民 n 的行为决策在收入预算约束下，选择最优的一般商品和基础设施消费量，实现其自身效用的最大化，即：

$$\text{Max} \quad U_n(C_n, D_n, V) = C_n^{\alpha_n} D_n^{\beta_n} V^{\gamma_n}$$

$$S.T. \; \tilde{M}_n + \frac{1}{N} P_H \bar{H} = P_c C_n + P_s D_n$$

求解上述优化问题，可得村民 n 对于农村基础设施的最优消费量为：

$$D_n^* = \frac{\beta_n}{(\alpha_n + \beta_n) P_s} \left(\tilde{M}_n + \frac{1}{N} P_H \bar{H} \right)$$

所有村民对基础设施的意愿消费量构成了农村基础设施的总需求：

$$\tilde{D}_P = \sum_{n=1}^{N} \frac{\beta_n}{(\alpha_n + \beta_n) P_s} \left(\tilde{M}_n + \frac{1}{N} P_H \bar{H} \right)$$

对农村基础设施的消费需求除了来自于本村村民的消费需求外，可能也会有部分外来的消费需求，设为 $\tilde{D}_X$。这部分的需求应该比本村村民的消费需求小一些，同时也具有不确定性。假设外来消费需求是本村村民需求的一个随机比例，即 $\tilde{D}_X = \tilde{x} \tilde{D}_P$，$\tilde{x}$ 为取值在（0，1）之间的随机变量。把本村村民的基础设施消费需求加上外来的基础设施消费需求，得到该农村基础设施的总需求为：

$$\tilde{D}_S = \tilde{D}_P + \tilde{D}_X = (1 + \tilde{x}) \sum_{n=1}^{N} \frac{\beta_n}{(\alpha_n + \beta_n) P_s} \left(\tilde{M}_n + \frac{1}{N} P_H \bar{H} \right)$$

③ 政府的基础设施投资决策

无论是非营利性还是营利性基础设施，政府都必然是建设的参与者之一。对于政府而言，社会资本越多地参与其中，政府自身在基础设施上的投入就可以越少，则可以将更多的财政资金投入到公共服务中,在减轻自身财政压力的同时,也能提升政府绩效。对于非营利性基础设施而言,企业很难参与,但对于营利性基础设施而言,企业有其参与的可行性,且如果企业能够参与基础设施投融资,可以很大程度上增加基础设施建设资金,解决农村营利性基础设施投融资困境。因此,政府如何吸引企业参与是问题所在。政府具有一定的经济职能,可以采取相应的经济措施来促进社会资源更好的配置,增加农村基础设施建设的资金额,基于此,本书认为政府的决策在于如何采取相应的措施来增加企业投资额,从而最大化自身效用。

由于企业在选择投资项目时的考虑因素为盈利性和风险性,因此本书从作用的中介目标划分,将政府可使用的调节基础设施投融资规模的财政政策工具划分为收益型和风险型两种,并分别研究政府如何通过两种政策工具吸引企业参与(表6.3-3)。

调节基础设施投融资规模的财政政策工具表　　表 6.3-3

收益型财政政策工具	分配比例工具	政府规定企业投资基础设施获得的营业收入的分配比例
	消费定价工具	政府给基础设施的使用进行消费定价
	补贴比例工具	政府按照一定比例对基础设施的价格进行财政补贴
	所得税率工具	政府规定企业投资基础设施获得的净利润的所得税率
风险型财政政策工具	担保收益率工具	政府承诺对企业进行某一农村基础设施投资的收益率进行担保,当企业投资基础设施的收益率低于政府承诺的担保收益率时,由政府弥补企业盈亏,保证企业实现最低的担保收益率

如表6.3-3所示,政府的收益性财政政策工具又分为分配比例工具、消费定价工具、补贴比例工具和所得税率工具四种,这四种政策工具都会影响企业在投资农村基础设施时的利润,因此归为收益性工具;风险型财政政策工具有一种,即担保收益工具,这种工具一定程度上减少了企业的投资风险,因此归为风险型一类。

A. 政府使用收益型财政政策工具的决策行为分析

设 π_E 为政府规定的基础设施投资企业营业收入的分配比例，P_s 为政府对基础设施的消费定价，u 为政府对单位价格的补贴比率，t 为政府规定的企业所得税税率，这四个变量分别代表政府的四种收益型财政政策工具。投资某一农村营利性基础设施项目需要的资本量为 $\bar{K}$，由此可计算投资农村基础设施所获得的单位资本期望收益率为：

$$E(\tilde{r}_i) = \frac{[\pi_E P_s (1+u) \tilde{D}_s - P_H \bar{H}](1-t)}{\bar{K}}$$

假设政府的目标函数为：$U_G(S,V) = S^\delta V^\eta$，$S$ 是当地的基础设施投资，V 是政府提供的公共服务的数量，δ、η 分别是基础设施和公共服务对政府的绩效贡献弹性系数。设政府的财政资金为 R_G。政府使用收益型财政政策工具，会从农村基础设施建设中获得部分财政收入，同时也可能会产生一些财政支出。财政收入包括对基础设施营业收入的剩余分配份额 $(1-\pi_E)P_s(1+u)\tilde{D}_s$，以及企业新增的企业所得税 $[\pi_E P_s (1+u) \tilde{D}_s - P_H \bar{H}]t$，财政支出主要为政府补贴 $uP_s\tilde{D}_s$。政府可支配的财政资金用途主要用于农村基础设施的投资和公共服务投入两方面。如果农村基础设施能够完全由企业投资，则政府不需要再出资。如果企业投资额 $\omega_s^* K_E$ 小于基础设施所需要的资本量 $\bar{K}$，则政府需要补充剩余的资金 $(\bar{K} - \omega_s^* K_E)$，才能使基础设施完成建设，然后政府再使用剩余的财政资金进行公共服务投入（记为 F_V）。通过上述分析，可得在企业基础设施投资不足情况下政府的预算约束条件为：

$$R_G + (1-\pi_E)P_s(1+u)\tilde{D}_s + [\pi_E P_s(1+u)\tilde{D}_s - P_H \bar{H}]t = P_s u \tilde{D}_s + (\bar{K} - \omega_s^* K_E) + F_V$$

B. 政府使用风险型财政政策工具的决策行为分析

设 r_G 为政府承诺的保证企业投资农村基础设施最低能获得的担保收益率，代表政府的风险型财政政策工具。在担保收益率工具实行的情况下，企业对农村基础设施投资的收益率是一个分段的函数形式，即：

$$\tilde{r}_i^* = \begin{cases} r_G, & \text{if } \tilde{r}_i < r_G \\ \tilde{r}_i, & \text{if } \tilde{r}_i \geq r_G \end{cases}$$

此时企业投资基础设施的期望收益变为：

$$E(\tilde{r}_i^*) = \int_{-\infty}^{r_G} r_G f(\tilde{r}_i) d\tilde{r}_i + \int_{r_G}^{+\infty} \tilde{r}_i f(\tilde{r}_i) d\tilde{r}_i$$

其中，$f(\tilde{r}_i)$ 为农村基础设施投资原始收益率 $\tilde{r}_i$ 的概率密度函数。同时，担保收益率政策工具作用下，企业投资基础设施的方差（风险）发生了改变，变为：

$$\text{Var}(\tilde{r}_i^*) = \int_{-\infty}^{r_G} [r_G - E(r_i^*)]^2 f(\tilde{r}_i) d\tilde{r}_i + \int_{r_G}^{+\infty} [\tilde{r}_i - E(\tilde{r}_i^*)]^2 f(\tilde{r}_i) d\tilde{r}_i$$

在投资项目收益有相关性的情况下，这两种财政政策工具也会使农村基础设施投资项目和其他投资项目收益的协方差发生改变，变为：

$$\text{Cov}(\tilde{r}_i^*, \tilde{r}_j) = E(\tilde{r}_i^* \tilde{r}_j) - E(\tilde{r}_i^*) E(\tilde{r}_j)$$

风险型财政政策工具在条件触发时，也会影响到政府的财政收支。如果 $r_i < r_G$，则政府需支出 $K_{Ei}^*(r_G - r_i)$ 用于弥补企业，保证企业投资基础设施达到担保收益率。政府财政收支的变化会影响政府的预算约束条件，此时的政府预算约束条件为：

$$R_G + (1-\pi_E) P_s(1+u)\tilde{D}_s + [\pi_E P_s(1+u)\tilde{D}_s - P_H \bar{H}]t$$
$$= P_s u\tilde{D}_s + (\tilde{K} - \omega_s^* K_E) + F_V + K_{Ei}^*(r_G - r_i)$$

（2）农村营利性基础设施投融资利益相关者博弈模拟及分析

由于农村营利性基础设施是多个主体之间的复杂博弈，为使模型能刻画真实复杂的现实情况，本书运用 NetLogo 软件，使用复杂系统模拟平台构建营利性农村基础设施投融资的多主体仿真模型，通过模型模拟的方法分析当政府使用不同财政政策工具时的农村营利性基础设施投融资情况。

模拟模型的基本设计框架是：政府实施财政政策工具；村民进行

消费决策，计算农村的基础设施消费需求；企业根据政府的政策工具和需求的情况，计算基础设施投资的期望收益率和风险，以及其他投资项目的收益率和风险，选择最优的农村基础设施投资额；政府根据企业的投资情况，选择基础设施的投资和公共服务的投入；计算政府、村民、企业各自做出决策后的效用值。

在营利性基础设施投融资模拟中构建了三类主体：政府、企业和村民，其中政府和企业主体的数量各是1，村民主体的数量是1000。首先给必要的参数进行赋值，设定某一农村基础设施所需的资本量$\bar{K}$为500万元；土地生产要素$\bar{H}$为100万；资本和土地生产要素的产出弹性系数a、b都为0.5；技术参数A为1；一般商品的消费价格为10元；1000个村民的收入设定服从均值为25000元、标准差为10000元的正态分布，通过正态分布随机生成器产生；村民的一般商品消费、基础设施消费和公共服务享用的效用弹性系数α_n、β_n、γ_n分别为0.5、0.3、0.2；企业的自有资本K_E为500万元；企业的风险厌恶系数参数ρ为1；政府的财政资金为1000万元；基础设施和公共服务的绩效贡献弹性系数δ、η分别为0.6、0.4。

模拟分两部分：第一，模拟当政府使用不同政策强度的分配比例、消费定价、补贴比例、所得税率四种收益型政策工具时政府和企业的投资额，以及政府、企业和村民的效用；第二，引入风险型政策工具，分别模拟当政府搭配使用担保收益率工具和四种收益型政策工具时的投资额及效用。其中，这里的政策强度指的是该种财政政策工具实施的水平，不同的政策水平代表该种工具实施的不同力度。依据政策工具的现实特点，设定分配比例、补贴比例、所得税率这三种比例型政策工具的政策强度的取值区间为[0%，100%]，基础设施消费定价的政策强度设定为一般商品消费价格的0～20倍之间，在一般商品消费价格为10元的情况下取值区间为[0，200]。

① 当政府使用收益型工具时各主体的博弈模拟

A.政府单独使用分配比例工具时的模拟分析

固定基础设施消费定价为100，补贴比例为0，所得税率为25%，把分配比例工具的数值从0开始，每次增加1%，逐步增加到100%，模拟当政府使用不同政策强度的分配比例工具时，政府和企业的投资额，以及政府、企业和村民的效用，并将数据导出，绘制成折线图。

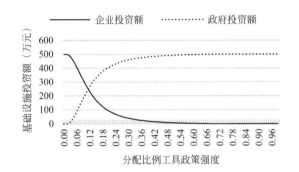

图6.3-15　分配比例工具不同政策强度各主体的投资额

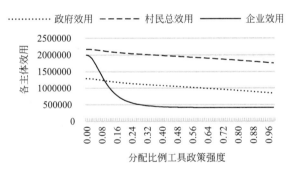

图6.3-16　分配比例工具不同政策强度各主体的效用

一般的观点认为，政府给企业投资基础设施获得的营业收入的分配比例如果越大，企业投资的收益则越大，由此可以激励企业对基础设施进行更多的投资。但图6.3-15和图6.3-16却呈现出了反直觉的结果，随着分配比例逐步提高，企业的投资额非但没有上升，反而逐步由全额投资减少到0。且除了政府和村民的效用减少，企业的效用也逐渐减少。由于企业的投资行为不仅受所投项目的收益影响，还受其风险影响，因此本书分析了在不同分配比例下企业投资基础设施的期望收益率和方差，部分结果呈现如表6.3-4所示。

分配比例工具不同政策强度基础设施投资收益率均值和方差的变化 表6.3-4

政策强度	1%	20%	40%	60%	80%	99%
投资收益率均值	0.023	0.468	0.937	1.405	1.874	2.319
投资收益率方差	0.0000198	0.00792	0.0317	0.0713	0.127	0.194
均值变化倍数	1	20	40	60	80	99
方差变化倍数	1	400	1600	3600	6400	9798

数据来源：通过博弈模拟结果整理得出

从表6.3-4的前三行可看出，随着分配比例的提高，基础设施投资的期望收益率是会增加，这与预期是一致的。但同时，基础设施投资的方差也会随之增大，也就是说其投资的风险也会增加。把后边20%、40%、60%、80%、99%分配比例政策强度下的投资收益率均值和方差除以1%政策强度下的投资收益率均值和方差，发现随着分配比例的提高，方差增加的倍数要远远大于均值增加的倍数，即风险的增加幅度要远大于期望收益率的增加幅度，因此才会出现企业对农村基础设施的投资额不升反降的情况。

B.政府单独使用消费定价工具时的模拟分析

固定分配比例为50%，补贴比例为0%，所得税率为25%，把消费定价工具的数值从5开始，每次增加5，逐步增加到200，模拟当政府使用不同政策强度的消费定价工具时，政府和企业的投资额，以及政府、企业和村民的效用。

由图6.3-17和6.3-18可看出，当基础设施消费定价不断提高时，企业对基础设施的投资额都没有改变，且企业只愿意投资很小的部分

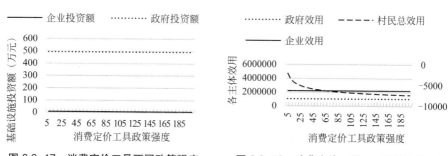

图 6.3-17 消费定价工具不同政策强度各主体的投资额

图 6.3-18 消费定价工具不同政策强度各主体的效用

消费定价工具不同政策强度基础设施投资收益率均值和方差的变化   表 6.3-5

政策强度	5	25	50	100	125	150	175	200
投资收益率均值	1.710	1.710	1.710	1.710	1.710	1.710	1.710	1.710
投资收益率方差	0.0495	0.0495	0.0495	0.0495	0.0495	0.0495	0.0495	0.0495
均值变化倍数	1	1	1	1	1	1	1	1
方差变化倍数	1	1	1	1	1	1	1	1

数据来源：通过博弈模拟结果整理得出

用于基础设施投资，企业的效用也保持不变。从表6.3-5可以看出，不管基础设施消费定价提高多少，投资期望收益率和方差都不变。之所以期望收益率没有变化，是因为虽然定价提高了，但村民们对基础设施的消费需求也随之减少，这种情况下，企业的收益并不会随着定价提高而增加。所以，消费定价工具对于企业投资基础设施的影响是中性的，工具强度的变化不会引起企业行为的改变，虽然对企业没有影响，但对于村民而言，基础设施消费定价提高了，村民的效用是会减小的。

② 政府单独使用补贴比例工具时的模拟分析

固定分配比例为50%，消费定价为100，所得税率为25%，补贴比例工具数值从0开始，每次增加1%，逐步增加到100%，模拟当政府使用不同政策强度的补贴比例工具时，政府和企业的投资额，以及政府、企业和村民的效用。

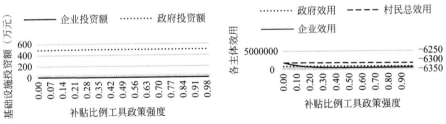

图 6.3-19 补贴比例工具不同政策强度各主体的投资额

图 6.3-20 补贴比例工具不同政策强度各主体的效用

补贴比例工具不同政策强度基础设施投资收益率均值和方差的变化　　表 6.3-6

政策强度	1%	20%	40%	60%	80%	99%
投资收益率均值	1.183	1.405	1.639	1.874	2.108	2.330
投资收益率方差	0.0505	0.0713	0.0970	0.127	0.160	0.196
均值变化倍数	1	1.2	1.4	1.6	1.8	2.0
方差变化倍数	1	1.4	1.9	2.5	3.2	3.9

数据来源：通过博弈模拟结果整理得出

由图 6.3-19 和 6.3-20 可以看出，当补贴比例增加时，企业的投资额几乎没有变化，且企业、政府和村民的效用有所减少。由表 6.3-6 可以看出，当补贴比例增加时，其投资收益率的方差的增加幅度略大于收益率均值的增加幅度，补贴比例对企业的投资影响较小。

③ 政府单独使用所得税率工具时的模拟分析

固定分配比例为 50%，消费定价为 100，补贴比例为 0%，把所得税率工具数值同样从 0 开始，每次增加 1%，逐步增加到 100%，模拟当政府使用不同政策强度的所得税率工具时，政府和企业的投资额，以及政府、企业和村民的效用。

由图 6.3-21 和图 6.3-22 可看出，随着所得税率的增加，企业对基础设施的投资非但没有减少，反而出现了逐步上升的情形。出现这种结果的原因还是在于政策工具对基础设施投资期望收益率和方差的影响上。由表 6.3-7 所示，随着所得税率的提高，基础设施投资收益率的

第 6 章　基础设施投融资创新机制和建设模式

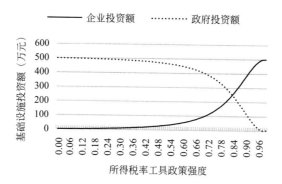

图 6.3-21　所得税率工具不同政策强度各主体的投资额

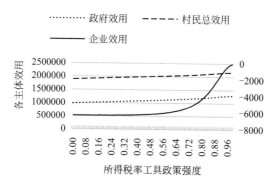

图 6.3-22　所得税率工具不同政策强度各主体的效用

所得税率工具不同政策强度基础设施投资收益率均值和方差的变化　表 6.3-7

政策强度	1%	20%	40%	60%	80%	99%
投资收益率均值	1.546	1.249	0.937	0.625	0.312	0.0156
投资收益率方差	0.0862	0.0563	0.0317	0.0141	0.00352	0.0000088
均值变化倍数	1	0.81	0.61	0.40	0.20	0.010
方差变化倍数	1	0.65	0.37	0.16	0.041	0.00010

数据来源：通过博弈模拟结果整理得出

均值是会下降，但由此导致的投资收益率的方差也会下降，而且方差下降的程度要远远超过均值下降的程度。在企业存在风险厌恶偏好情况下，随着所得税率的提高，风险相对于收益率下降的程度要大，企业的效用不降反升，对基础设施的投资额反而会增加。

④ 当政府搭配使用风险型工具与收益型工具时各主体的博弈模拟

引入担保收益率工具，模拟担保收益率工具和收益型工具搭配使用时的各主体的博弈情况。对于担保收益率水平的设定，假设村民每一期都没有随机的收入波动，外来需求也跟村民需求一样没有随机波动，以此计算农村基础设施的确定性消费需求，得到一个没有随机因素干扰情况下的投资收益率（称之为无干扰收益率）。以无干扰收益率为基准设定担保收益率水平，分两种情形进行模拟：担保收益率为无干扰收益率50%的低担保收益率情形（称之为低担保收益率工具）；担保收益率为无干扰收益率100%的高担保收益率情形（称之为高担保收益率工具）。

⑤ 政府搭配使用低担保收益率工具与收益型政策时的模拟分析

把担保收益率设定为无干扰收益率的50%，模拟当政府分别搭配使用低担保收益率工具和四种收益型政策工具时的投资情况。

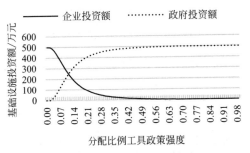

图6.3-23　低担保收益率工具和分配比例工具搭配各主体的投资额

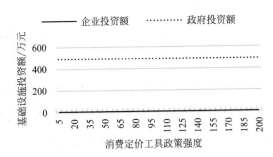

图6.3-24　低担保收益率工具和消费定价工具搭配各主体的投资额

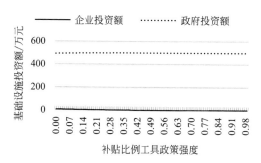

图 6.3-25　低担保收益率工具和补贴比例工具搭配各主体的投资额

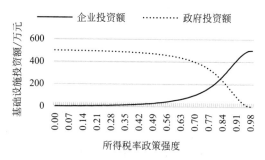

图 6.3-26　低担保收益率工具和所得税率工具搭配各主体的投资额

由图 6.3-23 至图 6.3-26 可以看出，引入低担保收益率工具后各主体的投资额和单独使用收益型政策工具各主体的投资额的情形是差不多的，说明低担保收益率工具几乎没有发生作用。这是因为在担保收益率规定得比较低的时候，由于发生实际投资收益率小于担保收益率的概率很小，担保收益率工具对企业投资基础设施的风险几乎没有影响，因此，低担保收益率工具对农村基础设施的投融资的作用是微乎其微的。

⑥ 政府搭配使用高担保收益率工具与收益型政策时的模拟分析

把担保收益率设定为无干扰收益率的100%，模拟当政府分别搭配使用高担保收益率工具和四种收益型政策工具时的投资情况，并绘制成图。

对比图 6.3-27 至图 6.3-30 可以看出，如果担保收益率规定足够

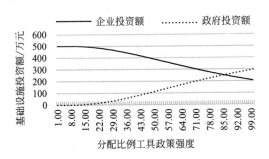

图 6.3-27 高担保收益率工具和分配比例工具搭配各主体的投资额

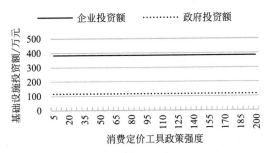

图 6.3-28 高担保收益率工具和消费定价工具搭配各主体的投资额

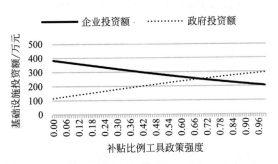

图 6.3-29 高担保收益率工具和补贴比例工具搭配各主体的投资额

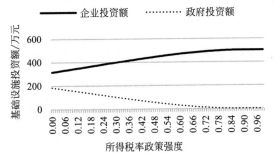

图 6.3-30 高担保收益率工具和所得税率工具搭配各主体的投资额

高，相比单独使用收益型政策工具的情形，企业的投资行为会发生明显变化，具体表现在：第一，高担保收益率工具和分配比例工具的搭配，会降低企业基础设施投资对分配比例工具政策强度的敏感性。这是由于高担保收益率降低了企业投资基础设施的风险，随着分配比例工具政策强度的增加，风险增大的程度得到了减缓，所以企业对农村基础设施的投资下降的程度降低了。第二，高担保收益率工具和消费定价工具的搭配，企业对农村基础设施的投资额出现了质的变化，由原来几乎没有投资变为愿意投资大半部分，这种情况出现也是因为投资风险变小造成的。消费定价工具政策强度的变化不会改变企业的投资额，所以引入高担保收益率工具后消费定价工具对企业基础设施投资的影响还是中性的。第三，高担保收益率工具和补贴比例工具的搭配，比起不引入高担保收益率的情形，企业对农村基础设施的投资额也会大幅增加，但企业的投资额会随着补贴比例工具政策强度的增加逐步下降。第四，高担保收益率工具和所得税率工具的搭配，也会降低企业基础设施投资对所得税率工具政策强度的敏感性。因为高担保收益率平抑了基础设施投资收益率的波动，在低所得税率时基础设施投资的风险也不高，所以随着所得税率政策强度增加，风险不会出现剧烈的下降，投资额变化的程度也得到减缓。此外，在引入高担保收益率后，由于风险降低，在低所得税率时，企业对基础设施的投资额比不引入担保收益率的情形也大幅增加。由于引入高担保收益率工具后企业对基础设施投资增加，缓解了政府的财政压力，政府可以用更多资金为村民提供更多的公共服务，提升村民和政府的效用。

把高担保收益率工具和收益型政策工具搭配使用后村民和政府的效用，和单独使用收益型政策工具的村民和政府效用进行对比，部分结果如表6.3-8所示。

高担保收益率工具和收益型工具搭配与单独使用
收益型工具村民和政府的效用对比表　　表 6.3-8

单位：元

政策强度		1%或5%	20%或25%	40%或50%	60%或100%	80%或150%	99%或200%
分配比例工具	村民效用	2170383（2170436）	2125057（2057879）	2064361（1984516）	1991779（1915943）	1908421（1839457）	1817469（1753620）
	政府效用	1291488（1291551）	1238109（1161066）	1168392（1079759）	1087676（1006428）	998541（927676）	905632（843118）
消费定价工具	村民效用	4985220（4792172）	3076050（2956932）	2498529（2401775）	2029436（1950848）	1797000（1727412）	1648414（1584581）
	政府效用	1129193（1043432）	1129193（1043432）	1129193（1043432）	1129193（1043432）	1129193（1043432）	1129193（1043432）
补贴比例工具	村民效用	2027616（1949141）	1991779（1915943）	1951479（1878912）	1908421（1839457）	1862238（1796328）	1814879（1751122）
	政府效用	1127169（1041607）	1287676（1006428）	1044108（967900）	998541（927677）	950797（884685）	903053（840718）
所得税率工具	村民效用	1967918（1894026）	2017179（1939402）	2064361（1984516）	2106268（2030734）	2142347（2093291）	2171108（2170918）
	政府效用	1061773（983534）	1115594（1031224）	1168392（1079759）	1216312（1130638）	1258337（1201370）	1292351（1292125）

注：没有括号的数字是高担保收益率工具和收益型政策工具搭配使用村民或政府的效用值，括号里边的数字是单独使用收益型政策工具村民或政府的效用值。

数据来源：通过博弈模拟结果整理得出

由表 6.3-8 可看出，除了分配比例工具在 1% 的政策强度情况下没有括号的效用值略小于有括号的效用值外，其他情况没有括号的效用值都要大于有括号的效用值，从而表明四种收益型政策工具无论采取怎样的政策强度，在绝大部分情况下引入高担保收益率工具搭配使用都会提高村民和政府的效用。

（3）农村营利性基础设施投融资博弈结果分析的主要结论

通过对政府、企业以及村民之间关于农村营利性基础设施投融资的博弈模拟，可以得出以下结论：

对于营利性基础设施而言，政府希望社会资本尽可能多地参与，企业参与投资的意愿及投资额的大小主要取决于投资项目的收益和风险。目前，农村营利性基础设施投融资的困境在于企业的参与度低，而政府可以通过财政政策工具的使用影响企业的投资情况，因此对农村营利性基础设施利益相关者的博弈分析主要在于研究当政府采用不同政策工具时政府和企业的投资情况，以及政府、企业和村民的效用。

不同的收益型财政政策工具在不同政策强度下对农村基础设施投融资的影响不同，具体表现在：营业收入分配比例增加，企业对农村基础设施的投资减少，企业、村民、政府的效用也随之下降；基础设施消费定价改变，企业投资及企业和政府的效用不变，村民的效用随消费定价的提升而下降；基础设施价格补贴比例增加，企业基础设施的投资额反而会出现轻微的下降，企业、村民、政府的效用也会略微下降；对企业投资基础设施净利润的所得税率上升，企业基础设施的投资额到最后反而可能会增加，企业、村民、政府的效用也会有增加。

低担保收益率和高担保收益率的风险型财政政策工具对农村基础设施投融资的作用也有所差异。如果担保收益率规定得比较低，则担保收益率工具的引入对于农村基础设施投融资的影响作用有限；如果担保收益率规定得较高，每一种收益型政策工具在同一政策强度下，企业对农村基础设施的投资额都大于或等于收益型政策工具单独使用情况下的投资额，同时村民和政府的效用也会得到提升。

本书通过改变参数的赋值对博弈模型进行稳健性检验，检验结果显示，在改变不同参数值的情况下，所得结论与前文一致，因此对于农村营利性基础设施利益相关者的博弈模拟结果具有一定的稳健性。

6.4 基础设施投融资机制创新和建设模式

6.4.1 农村基础设施相关投融资政策及潜在的融资渠道

农村基础设施是农村经济社会发展的重要支撑。"十八大"以来，为加快补齐农村基础设施短板、加快推进城乡发展一体化、农业农村现代化，中共中央、国务院各部门制定完善了一系列农村基础设施投融资政策。

2017年2月《国务院办公厅关于创新农村基础设施投融资体制机制的指导意见》[44]明确了农村基础设施的公共产品定位。根据基础设施的经济属性，从健全分级分类投入体制、完善财政投入稳定增长机制、创新政府投资支持方式、建立政府和社会资本合作机制、充分调动农民参与积极性、加大金融支持力度、强化国有企业社会责任、引导社会各界积极援建等八个方面构建多元化投融资新格局，健全投入长效机制，如对农村道路等没有收益的基础设施，建设投入以政府为主，鼓励社会资本和农民参与；对农村供水、污水垃圾处理等有一定收益的基础设施，建设投入以政府和社会资本为主，积极引导农民投入；对农村供电、电信等以经营性为主的基础设施，建设投入以企业为主，政府对贫困地区和重点区域给予补助。鼓励企业、社会组织、个人通过捐资捐物、结对帮扶、包村包项目等形式，支持农村基础设施建设和运行管护。引导国内外机构、基金会、社会团体和各界人士依托公益捐助平台，为农村基础设施建设筹资筹物。落实企业和个人公益性捐赠所得税税前扣除政策。同时，该指导意见还提出了完善建设管护机制，保障工程长期发挥效益，健全定价机制，激发投资动力和活力。

2018年至2022年连续四年的中央1号文件，都强调公共财政更大力度向"三农"倾斜，确保财政投入与乡村振兴目标任务相适应[45]。优化财政供给结构，充分发挥财政资金的引导作用如通过财政担保费率补助和以奖代补等，撬动金融和社会资本更多投向乡村振兴；设立国家融资担保基金，强化担保融资增信功能，引导更多金融资源支持乡村振兴；支持地方政府发行一般债券，发行项目融资和收益自平衡的专项债券用于农村公益性项目、现代农业设施建设和乡村建设行动；

鼓励各类金融机构加大对农业农村基础设施投融资的中长期信贷支持，加强对农业信贷担保放大倍数的量化考核，提高农业信贷担保规模；继续通过中央车购税补助地方资金、成品油税费改革转移支付、地方政府债券等渠道，按规定支持农村道路发展；完善土地出让收入使用范围，提高农业农村投入比例，重点用于农村人居环境整治和支持实施乡村振兴战略；鼓励农民对直接受益的乡村基础设施建设投工投劳，让农民更多参与建设管护。

农业农村部、国家乡村振兴局2020年、2021年和2022年连续三年发布《社会资本投资农业农村指引》，提出应根据各地农业农村实际发展情况，创新投融资模式，通过独资、合资、合作、联营、租赁等途径，采取特许经营、公建民营、民办公助等方式，健全联农带农有效激励机制，稳妥有序投入乡村振兴[46]，从完善全产业链开发模式、区域整体开发模式、创新政府和社会资本合作模式、探索设立乡村振兴投资基金和建立紧密合作的利益共赢机制等5方面创新投入方式。

在探索区域整体开发模式中，支持有实力的社会资本在符合法律法规和相关规划、尊重农民意愿的前提下，立足乡村发展实际和乡村建设现状，因地制宜、稳妥有序探索区域整体开发模式，统筹乡村基础设施和公共服务建设、高标准农田建设、国家级水产健康养殖和生态养殖示范区、产业融合发展等进行整体化投资，建立完善合理的利益分配机制，为当地农业农村发展提供区域性、系统性解决方案，促进农业提质增效，带动农村人居环境显著改善、农民收入持续提升，实现社会资本与农户互惠共赢。

在创新政府和社会资本合作模式中，鼓励信贷、保险机构加大金融产品和服务创新力度，配合财政支持农业农村重大项目实施，加大投贷联动等投融资模式探索力度；鼓励各级农业农村部门探索在高标准农田建设、智慧农业、仓储保鲜冷链物流、农村人居环境整治等领域，培育一批适于采取PPP模式的、有稳定收益的公益性项目，依法合规、有序推进政府和社会资本合作，让社会资本投资可预期、有回报、能持续；鼓励社会资本探索通过资产证券化、股权转让等方式，盘活项目存量资产，丰富资本进入退出渠道。

在利益共赢机制中支持农村集体经济组织通过股份合作、租赁等形式参与村庄基础设施建设、农村人居环境整治、产业融合发展和创新村企合作模式，充分发挥产业化联合体等联农带农作用，激发和调动农民参与乡村振兴的积极性、主动性；鼓励社会资本采用"农民+合作社+龙头企业""土地流转+优先雇用+社会保障""农民入股+保底收益+按股分红"等利益联结方式，与农民建立稳定合作关系，形成稳定利益共同体，做大做强新型农业经营主体，健全农业专业化社会化服务体系，提升小农户生产经营能力和组织化程度，让社会资本和农民共享发展成果。

2021年12月中共中央办公厅、国务院办公厅印发的《农村人居环境整治提升五年行动方案（2021—2025年）》从明确农村人居环境基础设施产权归属、建立健全设施建设管护标准规范等制度和强化基层组织作用、引导村集体经济组织、农民合作社、村民等全程参与农村人居环境相关规划、建设、运营和管理等方面建立农村人居环境基础设施运行管护社会化服务体系和服务费市场化形成机制，逐步建立农户合理付费、村级组织统筹、政府适当补助的运行管护经费保障制度，合理确定农户付费分担比例等健全农村人居环境长效管护机制；鼓励通过政府购买服务等方式，支持有条件的农民合作社参与改善农村人居环境项目[47]。引导农民或农民合作组织依法成立各类农村环保组织或企业，吸纳农民承接本地农村人居环境改善和后续管护工作。以乡情乡愁为纽带吸引个人、企业、社会组织等，通过捐资捐物、结对帮扶等形式支持改善农村人居环境。同时加强地方为主、中央适当奖补的政府投入机制，继续安排中央预算内投资，保障农村环境整治资金投入；鼓励各地通过发行地方政府债券、政府和社会资本合作等模式，调动社会力量积极参与投资收益较好、市场化程度较高的农村人居环境基础设施建设和运行管护项目。引导各类金融机构依法合规对改善农村人居环境提供信贷支持等。

为持续改善脱贫地区基础设施条件，2022年5月税务总局出台的《支持乡村振兴税费优惠政策指引》对国家重点扶持的公共基础设施项目企业所得税"三免三减半"[48]，对农村电网维护费免征增值税；同时对农村饮水安全工程新建项目投资经营所得企业所得税"三免三减半"，对农村饮水安全工程免征增值税，吸引社会资本参与建设。

2022年4月中央网信办等五部门印发《2022年数字乡村发展工作要点》，指出加大财政资金投入和引导力度，按规定统筹利用现有涉农政策与资金渠道，支持数字乡村重点项目建设[49]。加强金融机构对数字乡村建设重点项目，持续推进乡村网络基础设施建设和推动农村基础设施数字化改造升级。

2022年8月交通运输部印发《农村公路扩投资稳就业更好服务乡村振兴实施方案》，指出为更好地服务乡村振兴，各地要落实好车购税资金"以奖代补"政策，并将农村公路建设作为地方政府支出的重点领域，按规定统筹用好相关资金，支持农村公路发展[50]。将农村公路以工代赈项目纳入相关资金支持范围。拓宽融资渠道，鼓励金融机构、社会力量合法合规参与农村公路建设，探索加大对农村公路基础设施建设的中长期信贷支持，建立更加稳定的农村公路资金投入机制。

2022年9月农业农村部印发的《关于扩大当前农业农村基础设施建设投资的工作方案》允许以省为单位，允许跨市、跨县打捆打包推进，坚持多元化主体共同参与建设，创新农业农村基础设施投融资机制，在不新增地方政府隐性债务的前提下，推动政府投资和金融社会资本联动投入、助农兴村。资金筹集上，推行政府投资与金融信贷投贷联动[51]；运营方式上，鼓励社会资本合作建设运营农业农村基础设施投资项目。对设施农业、冷链物流等市场化程度较高的农业农村基础设施项目，鼓励各地积极探索有效安全方式，加强与社会资本投资合作，发挥社会资本市场经营的优势，减轻社会资本重资产投资压力，促进投资与发展良性互动；还款来源上，建立稳定多元的贷款偿还渠道。以项目建成后形成的生产经营收入为主，通过项目打捆打包建设经营，统筹构建多元化还款渠道，实现项目收益自平衡并可持续，做到项目主体长期稳健经营。

综合上述政策和我国经济发展积累现状及金融市场的完善，我国新时代下的农村基础设施潜在的融资渠道见表6.4-1。

非营利性基础设施资金渠道包括中央及地方财政、专项基金如乡村振兴基金、众筹、微公益/慈善捐助、体彩、农村集体经济、龙头企业、农村合作社和富裕的农民个体投入，其中众筹、微公益/慈善捐助是目前较普遍的筹款方式。这种筹款方式具有门槛低、依靠大众力量、不求回报等特点，但筹款金额较基础设施的建设所需资金太少，只能是一种补充。体彩可用于农村部分文化、体育设施的专项建设。

经营性基础设施可带来资金回报，鉴于财政资金和众筹、微公益资金有限，政府出台相关政策，鼓励（龙头）企业、社会资本、农村专业合作社、民营企业、国有企业等投资主体积极参与，同时社保、养老基金用于营利性基础设施既可以实现资金的有效利用又能达到社保、养老基金保值增值的作用。

准经营性基础设施由于其建设后收入不足以抵偿经营成本，因此可以采用非营利性基础设施资金渠道筹集，也可和经营性基础设施打包一起融资。

农村基础设施潜在的融资渠道　　　　表 6.4-1

融资渠道		非营利性基础设施	准经营性基础设施	经营性基础设施
中央及各地政府财政		√	√	
专项基金（如乡村振兴基金、能源效率基金、新能源基金等）		√	√	
本村资金	农村集体经济组织（集体资源资产出租或征用转让）	√	√	
	农村富裕者	√	√	√
	龙头企业	√	√	√
	农村专业合作社	√	√	√
银行、保险、证券（ABS）、绿色金融				√
社保基金、信托基金（如REITs）、专项债券、一般债券			√	√
体彩公益金		部分文化、体育设施		
众筹		√		
微公益/慈善捐助		√		
投资企业（国内外）资本（PFI）			√	√
国际金融机构、外国政府的信贷资金和赠款		√	√	√

6.4.2　非营利性基础设施投融资创新机制和建设模式

（1）非营利基础设施投融资创新机制

① 引入村民和政府合作的基础设施投融资双挂钩机制

通过前述农民投融资意愿分析得知，村民对于农村非营利性基础设施具有一定的投资意愿和能力，但由于受收入水平、"搭便车"心理以及政府没有制定村民参与投资的相关制度等影响，使得目前村民投资农村基础设施的情况较少。从政府和村民关于农村非营利性基础设施投融资的博弈分析中可以发现,当政府参与投资时,村民会有普遍的"搭便车"心理,导致最终基础设施建设只能依靠政府。因此,制定政府和村民合作的基础设施投融资双挂钩机制是必要的,即由村民和政府共同合作出资建设当地基础设施,村民和政府出资额与基础设施所需资金总额挂钩,村民出资额与自身收入水平挂钩,从而增加农村非营利性基础设施的投资额。

非营利性基础设施属于纯公共品,纯公共品的供给是政府的职责之一。因此,对于政府和村民投资农村非营利性基础设施的合作机制,重点在于如何界定村民的投资额度,使得在村民承受范围内最大限度地提高农村非营利性基础设施的投资额,实现政府和村民利益的双赢。不同的基础设施所需资金额不同,不同村民的收入水平也不相同,基于农村非营利性基础设施投融资利益相关者的博弈模拟可以得知,收入是影响村民投资额度的重要因素,因此在合作机制的设计中,将村民出资额与基础设施投资总额及收入挂钩,可以更大程度地增加基础设施投资额。

首先,根据基础设施建设所需资金额度来界定村民总体的出资额度,以政府出资为主,以村民出资为辅,政府出资金额为基础设施建设所需资金总额的80%左右,村民共同出资额为基础设施建设所需资金总额的20%左右,将村民出资额与基础设施投资总额挂钩,若某项基础设施项目所需资金巨大,则可视情况进一步缩小村民出资比例。其次,对于村民共同出资的部分来说,不同村民的收入不同,应根据当地村民的收入水平,划分村民的收入区间,将村民出资额与其收入水平挂钩。例如可以大致将村民收入划分为三个区间,家庭月收入为1000元及以下的村民为较为贫困村民,可不参与当地基础设施投融资;1000~5000元的为普通村民,按比例出资;5000元及以上的为富裕村民,按比例出资,且政府鼓励多出资。最终形成政府和村民合作方式共同出资建设当地非营利性基础设施。

②方案应用说明——以北方A村庄为例

这里以北方某县所调研的农村为案例进行分析。对A村来说，当地政府财政资金有限，不足以完全支撑当地基础设施投资，因此需要制定政府和村民共同出资的农村基础设施投融资合作方案。

a.需求结构

首先，进行民意调查，了解村民对当地基础设施的需求偏好。入户调研结果显示，在公路交通、通信网络、供水供电、环境卫生、污水处理、医疗设施、文化教育和公共娱乐这几大类基础设施中，大部分村民对公路交通类基础设施不够满意。主要问题在于农村道路太过狭窄，难以错车导致出行不便。据了解，A村的农村道路已经基本实现硬化，但是宽度不够，因此对于A村公路交通类基础设施进行改善主要需拓宽农村道路。其次，针对拓宽农村道路集资情况再次进行民意调查，了解到大部分村民表示愿意出资拓宽农村道路。

b.资金筹措

第一，由村委会干部及相关技术人员共同探讨当地拓宽农村道路的实施方案，包括在技术上是否存在困难，以及拓宽农村道路建设成本等问题。随后召开村民民主会，各户派代表参会，由村委会干部及村民代表共同商量并确定当地拓宽农村道路的资金分担方式。

第二，农村道路拓宽所需资金主要来自政府和村民两部分，分配政府和村民的出资比。修建农村道路总需资金28万元，按照政府和村民出资比大约为8∶2进行划分，由此安排政府财政资金出资22万元，由村民共同集资6万元。

第三，细化村民的出资额（表6.4-2）。本次所调研A村住户96户，其中月收入在1000元以下有12户，1000～3000元有37户，3000～5000元有28户，5000元以上有19户。

村民出资表　　　　　　　　　　　表6.4-2

	家庭月收入/元	户数	出资比例	出资额度/元
普通村民	1000以下	12	0	0
	1000～3000	37	0.1	7425
	3000～5000	28	0.18	20268
富裕村民	5000以上	19	0.28	31916
合计				59609

在收入为1000～3000元中，设置平均数为2000元，方差为50；3000～5000元中，设置平均数为4000元，方差为50；在5000元以上中，设置平均数为6000元，方差为50。按正态分布生成随机数，计算出各部分出资额，得出村民共同出资额为59609元。最终由村民和政府共同出资完成拓宽农村道路的建设项目。

c.监督监管

当地政府将对资金的使用情况及农村道路的建设情况进行实时公示，让资金公开透明，从而让当地村民了解到自己所出资金的具体去处，让政府提高公信力，使得政府和村民之间形成良好的合作模式。

（2）非营利性基础设施创新投融资建设模式

非营利性基础设施属于纯公共品，通常情况下由政府提供，但政府财政能力有限，供给不充分。基于农村资源特色、新时代农村发展特点和社会资本的发展，对于非营利基础设施的建设运营投入，可以以政府投资为主，鼓励村集体经济组织和农民参与或社会资本赠予。对于已有一定经济基础的农村或者位于经济较好的城市周边的农村，如产业带动类、城郊融合类、特色保护类村庄，村民可以村集体经济组织的形式投资参与村、组公益设施建设和公共服务建设运营管理，充分发挥农村集体经济组织的优势，采用政府财政资金、专项基金与集体经济组织结合的DBO（DBO，Design-Build-Operation，设计、招标建设、运营）融资建设运营管理模式，建设完成后交由农村集体经济组织负责运营管理；对于经济基础较为薄弱的村庄如集聚提升类，政府可直接投资购买设计、建造服务，采取财政、专项基金、政府债券与DBO相结合的融资建设模式，建设完成后交由农村集体经济组织负责运营管理，村民以劳代资参与基础设施建设（表6.4-3）。

不同类型村庄非营利基础设施创新投融资建设模式　　表 6.4-3

	产业发展类	城郊融合类	特色保护类	集聚提升类
非营利性基础设施	财政+专项基金+集体经济，DBO			中央、地方财政+专项基金/政府债券，DBO

6.4.3　营利性基础设施投融资创新机制和建设模式

（1）营利性基础设施投融资创新机制

① 制定较高的担保收益率和所得税率以吸引企业投资

农村营利性基础设施属于准公共品，兼具公共物品和私人物品属性的物品，由政府和市场共同分担。无论我国还是发达欧美国家，目前社会资本较少参与农村基础设施投融资，对于农村营利性基础设施而言，企业有参与的可行性，但实际参与度不够。究其原因，是企业担心无法盈利，以及风险问题。企业经营的目的是盈利，农村基础设施相较于城市基础设施而言盈利性较小，若没有一定的担保，则企业很难参与其中。政府在政企合作共同建设农村基础设施时的担保作用十分重要，一方面，可以给企业提供一个较为稳定和安全的投资环境，企业若想要拥有良好的发展，首先需要一个较为稳定的投资环境，如果当前的经济环境较为动荡，企业经营的风险很大，那企业就更谈不上良好发展了。对于投资者来说也是如此，较为稳定和安全的经济环境下才能使投资者对于自身的投资来说拥有信心；另一方面，因为农村基础设施建设项目一般而言周期性都较长，资金的回收期限较长，投资额度也较大，企业在投资农村基础设施时会有所顾虑，担心自身无法盈利，因此政府给予企业一定的担保收益率，可以减少企业的担忧，激励企业的投资热情。

对营利性基础设施利益相关者的博弈分析显示，当政府制定一个较高的企业投资基础设施获得的净利润的所得税率时，企业的投资额会增加。当政府搭配使用高担保收益率工具和收益型工具时，企业对农村基础设施的投资额都大于或等于收益型政策工具单独使用情况下的投资额，同时村民和政府的效用也会得到提升。因此，对于农村营利性基础设施而言，政府可以制定一个较高的担保收益率和所得税率，以吸引企业参与投资，同时提升政府和村民的效用。政府制定较高的税率，一来可以增加企业投资额，二来也可以增加政府税收，从而使政府财政资金能更多地用于其他公共服务，提升村民福祉和政府绩效。

② 制定政府、企业和村民三方合作的投融资机制

政府通过财政措施可以吸引企业参与，同时也可以给予村民一定的投资收益来吸引村民闲置资金的投入，从而形成政府、企业和村民三方合作的投融资机制。若引入村民参与农村营利性基础设施投融资，则村民参与的目的除了希望当地基础设施完善方便其生活外，更重要的是利用自身闲置资金赚取收益。在前期的调研中了解到，村民的闲置资金除了自我保存外，一般都存于银行、支付宝或微信中，若想要引入村民的闲置资金到农村基础设施中来，则村民的收益应高于银行存款和支付宝、微信的利率。此外，要鼓励村民参与到营利性基础设施投融资中来，还应该将其收益率与基础设施投资总额和其出资额挂钩，若某项基础设施所需资金较大，其建成时间和资金回收周期较长，则村民投资的收益率应更高。因此，农村地区可以根据不同基础设施项目来制定相关投资利率，以吸引村民参与。

2021年各类银行存款利率表　　　　表6.4-4

	1年	2年	3年	5年
邮政银行	2.15	2.95	3.84	3.44
建设银行	2.07	2.9	3.81	3.75
农业银行	2.02	2.81	3.65	3.5
中国银行	2.03	2.82	3.67	3.55
工商银行	1.98	2.74	3.57	3.53
交通银行	1.98	2.69	3.51	3.5
股份商业银行	1.97	2.54	3.12	3.14
城市商业银行	2.06	2.75	3.54	3.63

数据来源：各大商业银行官网

除了商业银行存款外，2021年3月余额宝七日年化利率约为2.26%，微信零钱通可购买产品的七日年化利率约为2.5%，结合表6.4-4可以看出，无论是商业银行还是余额宝和微信，其一年期利率均在2.5%以下，其五年期利率均在4%以下。因此，可以将农村基础设施的投资利率按年限进行划分，对于建设周期较短（一年以内）的小型基础设施而言，村民的投资基准利率为2.6%，对于建设周期在一年至三年以内的基础设施而言，这类基础设施建设所需资金较大，资金回收期也较长，村民的投资基准利率为4%，对于三年以上的大型基础设施建设而言，这类基础设施建设所需资金很大，回收期很长，村民的投资基准利率为5%，具体投资利率可根据当地情况在此基础上上下浮动。基于此，可将村民的投资收益率与基础设施建设所需资金总额挂钩，同时，村民若投资资金越多，则收益越大，将村民的收益额与其投资额挂钩，吸引村民参与其中，实现农村营利性基础设施投融资多元化，既能合理利用村民的闲置资金，也为基础设施的建设吸引投资。

③ 方案应用说明——以江苏省B村为例

本书以江苏省B村为案例进行分析。对江苏省B村来说，当地政府希望建设污水处理厂以改善人居环境，但政府财政资金有限，希望企业和村民能够积极参与其中，以形成政府、企业、村民共同出资的投融资方式。

a. 成本划分

首先由当地政府和相关技术人员讨论污水处理厂建设的可行性，并对成本进行评估，得出本次项目农村污水处理部分共需资金14000万元，并按10%和90%比例划分，由政府出资10%，即1400万元，社会资本出资90%，即12600万元。社会资金的90%部分，由企业和村民共同出资完成。

b. 资金筹集

首先，当地政府和相关专业人士共同探讨当地污水处理厂未来的盈利空间，以及经营的风险等问题，制定一个企业投资基础设施净利润所得税率和担保收益率，担保在项目建成后若其收益率低于约定数值时，由政府进行补贴，从而减小企业投资风险。同时，由于所得税率是针对企业投资净利润而言，因此并不会造成企业投资风险和压力，反而能增加投资额，提升各方效用。

政府公开相关信息，寻求企业参与。公开的信息中包括建设污水处理厂的成本划分情况，政府制定的净利润所得税率和担保收益率的情况，公开方式可以通过政府公告栏、政府网站等多种方式并举，让企业全面了解该基础设施的相关情况。

政府通过村民大会向村民告知污水处理厂的相关情况，村民可以自愿方式参与其中，由于污水处理厂建成需两年，因此给予村民两种年限方式选择：一是投资三年期，年利率为4%，三年到期后一次性还本付息；二是投资五年期，年利率为5%，五年到期后一次性还本付息。

c. 监督监管

当地政府将对污水处理厂的建设情况及资金使用情况进行实时公示，让资金公开透明，从而让当地村民了解到自己所出资金的具体去处，也让企业更好地了解双方合作过程，提高政府公信力，形成政府、企业和村民之间的良好合作关系。

（2）营利性基础设施创新投融资建设模式

营利性设施可产生一定的收益，要充分发挥政府市场机制，落实税收优惠政策，引导国有投资企业加大投入力度，鼓励各类企业、社会组织（如专业合作社、集体经济等）等参与农村基础设施建设和运营管护，具体投融资建设模式见表6.4-5。

对农村供水、污水垃圾处理等有一定收益的准经营性基础设施，建设投入以政府和龙头企业、专业合作社、集体经济、社会资本为主，积极引导农民投入，形成政府、企业、村民三方合作机制，采用PPP（Public-Private Partnership，简称PPP）与BOT（Build-Operate-Transfer，简称BOT）或者EPCOT（Engineering Procurement Construction Operation Transfer，简称BOT）相结合的融资建设模式，政府根据收益情况通过补贴、贴息或专项基金给予弥补。产业带动类农村产业突出，一般有龙头企业和专业合作社，可以采用"龙头企业/社会资本+专业合作社+政府"合作融资机制与BOT或者EPCOT相结合的融资建设模式，建设完成之后可以交由龙头企业或者专业合作社进行运营管理；城郊融合类农村地理位置相对具有优势，集体经济优势较强，采用"集体经济组织+政府+社会资本"合作融资机制与BOT或者EPCOT相结合的融资建设模式，建设完成后可村集体经济组织负责运营维护；特色保护类村庄采用"政府+专业合作社/社会资本+集体经济"合作融资机制与BOT相结合的融资建设模式。集聚提升类农村经济基础薄弱，可直接采用"专项基金+补贴/担保+社会资本（PPP或私人融资（Private

Finance Initiative，简称PFI））"与BOT相结合的融资建设模式，建设完成后可由村集体经济组织或社会资本企业负责运营维护。

对农村供电、通信等以经营性为主的基础设施，建设投入以社会资本为主，政府对贫困地区和偏远人口稀少地区给予适当补助。对于具有一定产业经济基础的农村如产业发展类以及特色保护类农村以龙头企业、社会企业、农村专业合作社投资为主。产业发展类农村有特色产业为支撑，可引入资产证券化（Asset Backed Securitization，简称ABS）以及基础设施领域不动产投资信托基金（Real Estate Investment Trust，简称REIT）等金融方式盘活项目存量资产，丰富资本融资渠道，也可采用政府与社会资本合作的PPP模式或以龙头企业或者社会资本为投资主体，选用"龙头企业/社会资本＋农村专业合作社或集体经济"与BOT或EPCOT相结合的融资建设模式；特色保护类多以旅游业发展为主，引入私人融资（PFI）或采用PPP与DBO或BOT相结合的融资建设模式。对于具有与经济发达城市接壤的城郊融合类农村可以直接采用PFI或央企、国企投资。对于经济相对薄弱的集聚提升类可采用PFI或PPP与BOT组合的投融资建设模式。

另外，也可将经营性和准经营性设施一体融资建设，根据收益情况适当给予补贴或者赠款。产业发展类、城郊融合类农村可直接采用经营性基础设施相同的融资建设模式，将经营性和准经营性设施集成建设。特色保护类村庄可引进"央企国企＋政府＋银行"融资机制，采用"央企国企投资＋专项基金＋补贴＋保险＋银行贷款"与BOT或IEPCOT（Investment Engineering Procurement Construction Operation Transfer，简称IEPCOT）相结合的融资建设模式。集聚提升类村庄可选用PFI或PPP与IEPCOT或EPCOT或BOT相结合的融资建设模式。

不同类型农村营利性基础设施投融资建设模式 表 6.4-5

		产业发展类	城郊融合类	特色保护类	集聚提升类
营利性基础设施	准经营性基础设施	龙头企业/社会资本+农村专业合作社+财政补贴+保险+专项基金、PPP、BOT/EPCOT	集体经济+补贴/担保+专项基金+社会资本、PPP、BOT/EPCOT	补贴/担保+专项基金+专业合作社/社会资本+集体经济 PPP、BOT	专项基金+补贴/担保+社会资本（PPP或PFI）、BOT
	经营性基础设施	龙头企业/社会资本+农村专业合作社或集体经济、PFI/PPP/REITs/ABS、BOT/EPCOT	PFI/PPP，BOT/EPCOT	PPP/PFI，DBO/BOT	PFI或央企、国企投资PPP、BOT
	准经营性与经营性基础设施一体	龙头企业/社会资本+农村专业合作社或集体经济（PPP/PFI/REITs/ABS）DBO/BOT/EPCOT	PPP/PFI，BOT/EPCOT/IEPCOT	PFI或PPP央企国企投资+专项基金+补贴+保险+银行贷款，BOT/IEPCOT	PFI或PPP，IEPCOT/EPCOT、BOT

6.4.4 营利和非营利设施建养一体化创新融资模式

（1）产业发展类

产业发展类农村的产业发展已经形成了一定的规模优势，具有一定的经济基础。此类农村基础设施投融资主要由龙头企业和农村集体经济组织负责，对营利性和非营利性基础设施可以采取整体或者部分多层次多样化建养投融资建设模式，如直接投资、银行贷款、PPP、PFI和EPCOT、BOT。在满足一定条件下，通过农村集体经济组织和具有一定规模的产业化龙头企业，整合非营利性资产和经营性、准经营性资产，在主板、中小板、创业板以及新三板等上市和挂牌融资，资产证券化（ABS），反哺基础升级、更新；部分剥离的非营利性基础设施（纯公共产品）和准经营性基础设施也可由农村集体经济组织和小部分财政补贴投资建设管理。

（2）城郊融合类村镇

以城乡互补融合、协调发展为目标，统筹城乡区域协调发展是我国新时代发展的重要战略内容。

城郊融合类农村具备向城镇转型的条件，此类农村由于地理位置的特殊性，其公共基础设施（户外的）可纳入市县基础设施规划体系，由市县统一规划管理，实现基础设施的互联互通，其融资模式与城市基础设施类似，可采用PPP、PFI融资或部分资产证券化，以社会资本为主体和IEPCOT/BOT结合的融资建设模式。

（3）特色保护类村镇

特色保护类主要发展特色产业和旅游业，对改善村庄基础设施和公共环境有极大的需求，但现有该类村庄经济条件差距较大。对已有一定经济基础的特色保护类农村，其非营利和营利性基础设施一体集成的更新维护融资渠道可采用公共投资或补贴、专项基金、集体经济与社会资本采取PPP+IEPCOT一体化投融资建设模式；对于经济基础较弱的特色保护类农村，其整个基础设施可采用PFI或PPP与IEPCOT/BOT结合的融资建设模式。

（4）集聚提升类村镇

集聚提升类村庄包括撤并搬迁类农村，相比其他三类村庄经济条件最为薄弱。此类村庄非营利性基础设施和营利性基础设施集成一体投融资建设可采用公共投资、发行债券、政策性银行和专项基金，尽可能吸引社会资本，进行IEPCOT或BOT即PPP+IEPCOT/BOT投融资建设运营管理模式。

第 7 章　技术应用案例

7.1　陕西省农村基础设施配建指标体系应用案例

7.1.1　项目概况

农村基础设施配建指标清单，力求为农村地区基础设施的建设和改善提供依据与指导。2022年对陕西省A镇H村进行了基础设施建设情况调研，并与研究团队建立的绿色宜居村镇基础设施配建指标清单进行对比，为H村未来的基础设施配建提出建议。

H村位于陕西省东南部，山地地貌，属于暖温带南缘季风性湿润气候。通过调研发现H村各项基础设施的满意度存在较大的差异性，其中供电、公共服务卫生、文化体育等基础设施满意率较高，排水、教育、金融邮电等基础设施满意率较低（图7.1-1）。

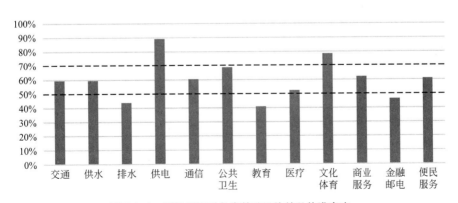

图 7.1-1　受访村民对各类基础设施的总体满意度

（1）生活类基础设施

H村已实现道路硬化率100%，并设有路灯；供水以自来水和井水为主；排水设施的满意率为44%，受访者中78%的家庭仍然使用旱厕，且84%的家庭生活废水采用分散排放的形式，由此造成生活不便和村庄环境卫生问题；村内设有垃圾桶，并有专门的人员进行收集运输；交通设施达到了村村通的要求，但公共交通和道路宽度仍需要尽快改善，其满意率为60%。在能源基础设施方面，主要还是以薪柴、煤炭、电力为主，部分村民安装了太阳能热水系统。稳定的电压，极小的停电频率，使受访村民对供电设施的满意度最高达到89%（图7.1-2～图7.1-6）。

图7.1-2　村内硬化道路和路灯

图7.1-3　自来水供水管　　图7.1-4　排水沟

图 7.1-5 垃圾桶设置

图 7.1-6 某农户冬季供暖炉

（2）服务类基础设施

教育设施满意率仅为42%，目前只有镇上1所幼儿园，4所小学，1所中学，幼儿园和小学的距离和教育质量，都未达到村民的要求；所在镇设有卫生院，各村设有卫生室；村内设有小型商店、小卖部，可满足日常生活需求；设有党群服务中心，可满足村民办事需求。但村民在不同程度上对这几类设施有更高需求，例如医疗设施，达到了每个建制村设置医疗服务站的要求，但医疗水平有待提高，其满意率为53%；对金融邮电设施的满意率为47%，由于近年来购物消费方式的改变，村民们对快递物流的需求日益增加，但无法达到送货上门或送货进村的要求，同时村内长期缺乏基本的金融设施和服务，给村民的日常生活带来极大的不便。村内拥有率较高的室内外文化活动场地，包括老年之家、健身场地、图书室等，使对文化体育设施满意度达到79%（图7.1-7～图7.1-9）。

图 7.1-7 卫生院

图 7.1-8 村内商店　　　　图 7.1-9 健身器材

7.1.2 技术应用

通过将H村的基础设施现状与本书3.3节构建的绿色宜居村镇基础设施配建指标清单对比（表7.1-1），综合来看，H村在道路路灯、供电设施/供电质量、饮用水安全覆盖率、互联网、数字信息化、综合性文化服务中心等设施的配建和管理上基本达到改善类和提升类的标准，但仍有一部分基础设施与村民的需求之间存在差距。例如排水设施和户用卫厕的改善方面，两个村均为分散排放，户用卫厕的普及率均在80%以下，并未达到最基本的《美丽乡村建设指南》GB/T 32000—2015的要求；幼儿园仍距离村庄较远，没有达到大村独立建园或设乡镇中心园分园，小村联合办园，以及《托儿所、幼儿园建筑设计规范》JGJ 39-2016（2019年版）中服务半径宜为300～500m的要求；综合服务设施中的商业服务设施、物流配送网点和金融综合服务站仍然没有得到明显的改善。另外，消防、防洪设施和避灾疏散场所配建不到位，例如消防设施缺失，疏散场所内主要通道的有效宽度不符合《村庄整治技术标准》GB/T 50445—2019要求等。

H村基础设施对比指标体系情况　　　　表 7.1-1

指标		H村
		2022
道路交通	道路硬化	■
	道路宽度	△
	道路路灯	■■■
	公共交通	■■
	停车场	■
供水	供水设施	■■
	饮用水安全覆盖率	■■■
排水	污水收集处理设施	△
	户用卫生厕所普及率	△
	雨水收集与利用	△
通信	互联网	■■
	有线电视（数字广播电视）	■■
	移动电话	■■
	数字信息化	■■
能源	清洁能源使用	■
	可再生能源使用	■
	供电设施/供电质量	■■■
公共卫生	垃圾收运处理设施	■
	卫生公厕	■■
应对气候变化	消防设施	△
	防洪设施	■
	避灾疏散场所	△
教育	幼儿园	△
	小学、中学	■
	职业教育	△

续表

指标		H村
医疗	村卫生室（所、站）	■■
	村卫生室人员	■■■
文化体育	综合性文化服务中心	■■■
	室外公共活动场所	■■
综合服务	商业服务设施/商业网点信息化	■
	物流配送网点	■
	金融综合服务站/金融网点信息化	△
行政便民	便民服务机构	■
	养老服务设施	△

2022年：△调研未达到基础类　■达到基础类　■■达到改善类　■■■达到提升类

结合以上分析，首先，提出H村基础设施的提升思路与原则：

① 村民有迫切需求，以及影响村民生命安全和环境保护标准的基础设施，目前还尚未达到配建清单中基础类指标，应当将此类基础设施作为配建重点，并优先安排。地方政府需要在资源环境、经济等条件有限的情况下，首先保证村民基本的生产生活条件，其次进行有重点、有针对性和有序的提升和改善。

② 村民有提升和改善需求的基础设施，目前已经达到配建清单中基础类或改善类指标，应当考虑当地的发展现状、国家的政策支持、自然环境、文化习俗等条件，有选择地进行配建。地方政府需要在满足共性需求的同时，采用差异化的方法进行各类设施的配建和调整，重点了解区域内老年人和低收入等自我改善能力较弱群体的普遍需求，针对每个地区或村庄的独特问题进行诊断和改善，必要时可采取"一村一策"的思路，进行有重点的、精细化的改善和提升。

③ 需要充分考虑当地的经济水平和自然环境，筛选适宜本地应用的、低成本的技术手段，满足最基本的要求。充分分析各类设施间的

相互制约和相互影响，提高投资建设效率，一举多得。

④ 需要加强不同级别政府间的统筹、不同行政部门间的协调，同时提升村民的参与度，充分发挥村民自治的作用。

其次，针对基础设施配建现状提出具体建议：

① 排水设施的配建应充分考虑当地人口、地貌和区位等因素，在单村、联村范围内配建共享污水处理厂站或小型污水处理设施，争取生活污水处理农户覆盖率达到70%，并做到粪污无害化处理。同时县级政府应统筹规划和建设，镇级和村政府协商制定适宜的管理办法和工作机制。

② 教育设施中幼儿园的配建应充分考虑人口、区位等因素，当地教育部门根据国家的相关政策，大村独立建园或设分园，小村联合办园，人口分散地区根据实际情况可举办流动幼儿园、季节班等，配备专职巡回指导教师。另外，如设置幼儿园确有困难，县—镇—村三级政府应与教育、交通运营管理部门统筹协调，建立完善的公共交通设施，提高教育设施的可达性。

③ 综合服务设施应充分考虑当地的经济发展水平、区位等因素。同时综合服务设施需要县镇村三级政府，以及商业、金融、交通、邮政等部门的统筹协调。县政府对各部门进行统筹，并与镇政府一同参与到监管中，镇政府与村政府共同进行运营维护，在使用过程中及时调整。在条件不成熟时，可充分调动村民的积极性，发挥村民互助作用。实现最基本的有综合商店或超市，基本满足村民日常生产生活需要，建制村实现物流配送网点全覆盖，满足基本的金融服务需求，如存款、取款、缴费等。

④ 道路宽度应充分考虑当地的经济发展水平和村民生产生活需要，可由县、镇政府统筹，适当考虑引入社会资金，或村政府进行村民集资，对窄路基或窄路面路段加宽改建，达到双赢的目的。

⑤ 通信设施应充分考虑当地的经济发展水平和技术发展水平，以及国家的相关政策支持。在国家数字乡村建设的政策推动下，由相关部门实施，进一步提升农村通信网络质量和覆盖水平，包括农村光纤网络、移动通信网络、数字电视和下一代互联网覆盖，为乡村信息化和智能化奠定基础。

⑥ 公共卫生应充分考虑当地的经济发展水平、气候环境和村民的生活需要，在已形成的村集中、镇收集、县（区）处理为主的垃圾收运处理基础上，由县、镇政府统筹，适当引入第三方企业，实现垃圾无害化处理、垃圾分类和就地资源化利用，村级政府可充分调动村民的积极性，共同参与到维护村庄公共卫生环境中。

⑦ 消防、防洪设施和避灾疏散场所应充分考虑当地的自然环境，县政府统筹相关规划、管理部门，对村内应对气候变化的防灾减灾相关设施进行配置，镇村对这些设施进行定期维护和检查，以确保村庄在遭受自然或人为灾害时最大程度降低损失。

⑧ 能源设施应充分考虑当地的经济发展水平、自然环境和技术发展水平，在国家"碳达峰""碳中和"的目标下，县或市级政府进行经济、环境等方面的评估，进行资金和能源形式改善之间的协调，减少薪柴和煤炭的使用，推广清洁能源。

7.2 宁夏回族自治区农村屋顶分布式光伏应用案例

7.2.1 项目概况

在"双碳"目标约束下，国家积极推进光伏发电应用，推动能源结构改革，促进碳达峰碳中和。2021年5月，国家能源局印发《关于2021年风电、光伏发电开发建设有关事项的通知》（国能发新能〔2021〕25号），文件指出要强化可再生能源电力消纳责任权重引导机制，建立并网多元保障机制，加快推进存量项目建设，稳步推进户用光伏发电建设，抓紧推进项目储备和建设。同年6月，国家能源局综合司印发《关于报送整县（市、区）屋顶分布式光伏开发试点方案的通知》，拟在全国组织开展整县（市、区）推进屋顶分布式光伏开发试点工作。

2021年6月，宁夏回族自治区发展和改革委员会印发《关于报送整县（市、区）屋顶分布式光伏开发试点方案的通知》（宁发改能源（发展）〔2021〕439号），明确要求各县（市、区）分布式光伏开发储能配置比例不低于10%，各县（市、区）明确1家开发市场主体。A市位于宁夏平原引黄灌区中部精华地带，隶属宁夏回族自治区吴忠市，总面积2525km^2，辖8个镇、1个办事处、2个林场，常住人口24.40万人。A市分布式光伏电站规划涉及机关建筑、公共建筑、厂房和农村建筑。结合A市实际情况，围绕乡村振兴、优化能源结构和推进区域碳达峰碳中和等政策要求，推进A市打造"分布式光伏电站"示范市，重点对农村地区的太阳能资源条件进行分析，打造农村分布式光伏规模并网，推动农村地区能源结构转型，加快推进"碳达峰、碳中和"目标。

7.2.2 技术应用

（1）太阳能资源分析

选择A市气象站作为本工程太阳辐射数据推算研究的参考站，常规气象要素可直接采用A市气象站数据。同时对NASA站址辐射数据、Meteonorm站址辐射数据及SolarGIS站址辐射数据进行详细分析，并作为本项目太阳能分析的研究依据。

近30年间A市太阳辐射量分布年际变化较大，但整体变化趋势基本保持一致，其数值区间在5390～6070MJ/m^{2}之间，近年来有上升趋势。30年间的年平均太阳能辐射量为5774.90MJ/m^2，近10年间的年平均太阳能辐射量为5952.6MJ/m^2。A市气象站年日照时数最大值出现在

1990年，为3034.3h；最小值出现在2007年，为2529.8h；30年年平均日照时数为2799.3h。

（2）农村建筑可利用屋顶资源分析

按照《国家能源局综合司关于报送整县（市、区）屋顶分布式光伏开发试点方案的通知》及《自治区发展改革委关于报送整县（市、区）屋顶分布式光伏开发试点方案的通知》的要求，党政机关建筑屋顶总面积可安装光伏发电比例不低于50%；学校、医院、村委会等公共建筑屋顶总面积可安装光伏发电比例不低于40%；工商业厂房屋顶总面积可安装光伏发电比例不低于30%；农村居民屋顶总面积可安装光伏发电比例不低于20%。

A市东西宽30多公里，南北长60多公里，行政区总面积2525km^2。根据调研情况统计，A市的农村建筑以单层建筑居多，多为红砖结构，顶部有女儿墙，屋顶为非承重屋顶。农村居民建筑面积共计4394220m^2，可利用屋面面积共计1107570m^2，屋面类型部分为平屋顶，屋面部分被太阳能热水器占用，如图7.2-1和图7.2-2。

根据初步调研县域屋顶条件，对于不适宜开发的屋顶分析如下：

① 对于农村农户过少，或远离村庄的零散建筑，开发规模小，单位千瓦成本高，不适宜集中开发屋顶光伏。

图7.2-1　曹湾村屋面情况卫星图

图 7.2-2　中庄村屋面情况航拍图

② 朝向不佳的情况。北方地区农村屋顶大部分为平面瓦房，受太阳光角度影响，北向以及东西向的斜面屋顶发电效率过低，不适宜建设屋顶光伏。

③ 房屋破旧，承载力不足的情况。由于农村建筑质量参差不齐，部分建筑屋顶承载能力较低，且耐久性较差，不适宜建设屋顶光伏。户用光伏项目建设前需进行原房屋结构安全性核算或评估。

④ 受附近树木、较高建构筑物遮挡的情况。屋顶可能受附近大树或南侧较高建构物的遮挡，影响光照，遮挡严重的屋顶不适宜建设屋顶光伏。

⑤ 产权不清的情况。农村屋顶情况复杂，安装屋顶光伏必须确保房屋产权清晰，不存在纠纷，便于后续运行维护。对于房屋产权不清的情况，暂时放弃建设。

（3）太阳能光伏技术应用

以居民家庭为单位构成的户用光伏运行场景中，由太阳能组件、智能光伏优化器、光伏逆变器、户用储能等设备构成户用光伏发电系统。太阳能组件通过光伏效应产生直流电量，通过智能光伏优化器进行组件级优化，进入光伏逆变器将直流电逆变为交流电送入220V户用电网。也可根据家庭用电情况,将多余电量存入户用储能中。

以目前正在实施的A市某村0.207MWp光伏电站为例:项目拟安装农户屋顶光伏36户,每户10kW,组件选用450Wp单晶板,每11块450Wp单晶板组合一户单元,安装容量为9.9kW;农家乐4户,每户7.2kW,组件选用单晶板,每16块450Wp单晶板组合一户单元,安装容量为7.2kW;共计建设0.207MWp。其中:36户并网单元采用单晶硅450Wp组件,每11个组串接入一台5~8kW的逆变器。逆变器电缆接入汇流低压并网,4户农户屋顶分布式光伏,每户按8kW,逆变器电缆接入汇流低压并网。

根据当地太阳能资源计算:第一年发电量为47.52万kWh,可利用小时数为1500h,年平均利用小时1389h,25年平均发电量为1091万kWh。光伏发电项目整体卫星图以及农村居民屋顶示意图分别见图7.2-3和图7.2-4。

屋顶光伏组件通过铝合金夹件固定在支架上,组件通过螺栓或者铝合金压块固定于光伏组件支架。主要优点:无需破坏屋顶,减少施工成本和维护成本,铝合金支架防腐采用表面阳极氧化处理,施工周期短。利用农户屋顶、院落进行建设,屋顶面积可建设总容量110.8MWp。

图 7.2-3 农村居民屋顶示意

图 7.2-4　农村户用光伏

7.2.3　效益与前景

A市共计90个建制村，建筑屋顶可使用面积约394220m²，拟进行屋顶分布式光伏建设13个，建筑屋顶可使用面积107570m²，可布置分布式光伏容量约110.8MWp。拟在建制村内各住户屋顶进行分布式光伏建设，因住户较为分散，农村居民屋顶分布式光伏推荐采用"自发自用余电上网形式"或"全额上网"方式。

农村有希望实现100%清洁电能，光伏开发单位可通过项目的建设和运营服务获利，建筑所有权单位可通过优惠电价、屋顶租赁费用或电能收益分成等形式获利，具有良好的经济效益。经计算农村光伏容量约110.8MWp，年发电量约1.38亿kWh。按当地居民生活用电0.4486元/kWh及一般工商业电价0.552元/kWh计算，如所发电量全部自发自用，可节能电费0.62亿元～0.76亿元。

该项目通过在屋顶建设分布式光伏，可以大大提高土地利用率和价值，实现太阳能与屋顶空间的综合利用。通过加装屋顶光伏，不仅能够为项目带来经济效益，还能够提升企业形象，尽到改善周边环境的社会责任。此外，分布式光伏项目的建设与实施还能够带动当地的经济增长与就业，促进当地相关产业的发展，产生良好的社会效益。

7.3 浙江省农村污水处理设施技术应用案例

7.3.1 项目概况

浙江省A市地势低平，温暖湿润，四季分明，雨水丰沛。自"五水共治"（河长制）工作开展以来，A市委、市政府一直把水环境综合整治作为最大的民生工程来抓，围绕把A市打造成江南诗画水乡典范的城市发展定位，依法治水、铁腕治水、科学治水。

2018年9月，A市人民政府办公室印发《A市"污水零直排区"建设行动实施方案》。市建设局牵头指导督促各镇（街道）雨污分流和精细化截污纳管的改造提升，开展农村生活污水治理设施的运维管理，开展相关设施管网建设的设计审查、质量监督和项目验收等工作。市农经局（农办）负责指导和协调农村生活污水治理设施的建设提升管理，充分发挥相关设施在城郊接合部等区域"污水零直排区"建设中的衔接和补充作用。

2021年6月，A市人民政府办公室印发《建设碧水A市行动方案（2021—2025年）》，提到由建设局牵头，大力推进农村生活污水治理。以市域农村生活污水治理专项规划为引领，按村庄类型，因地制宜开展农村生活污水治理攻坚。到2021年底前，全市农户受益率达到90%；到2022年底前，全市农村生活污水做到"应纳尽纳、应接尽接、应处尽处"，实现生活污水零直排，其中各地纳厂受益户数达到39%以上。

7.3.2 技术应用

浙江省属于温暖湿润地区，河流水系分布密集，经济较为发达。示范项目所在地B村的污水通过集中收集的方式进入污水处理设施，经人工湿地后进入自然水体，充实河道流量美化环境。污水处理设施由第三方专业环保公司工作人员定期维护，管理部门为A市建设局。按照村级公益事业一事一议方法，通过村民筹资筹劳、村级经济出资、社会力量捐助和财政奖补资金共同参与（图7.3-1）。

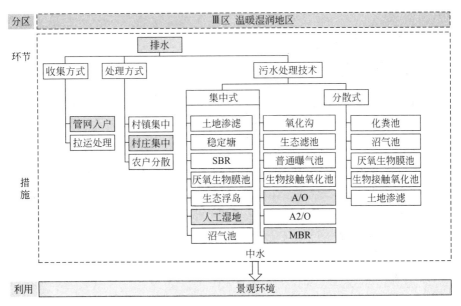

图 7.3-1 示范应用情况示意

项目通过截污纳管的方式收集污水进入微动力处理池，采用"A/O+MBR+人工湿地"工艺处理。生活污水经污水管网收集后，再流入污水处理站多功能调节池，调节池内设有两道固定式不锈钢格栅，将大量颗粒悬浮物隔除。经调节池调节水量和水质后，由提升泵加压送至反硝化池进行反硝化处理。预处理后出水至生物反应池，池内采用生物多介质载体填料技术对污水进行生物处理，处理后出水至人工湿地进行深度处理。

该工艺特点如下：

①池型结构简单，施工周期短，投资较少，景观效果好，适合经济条件一般的村镇生活污水处理。

②运行维护简单、能耗低，日常运行无需专职技术人员操作，可实现远程监控，长效管理有保障（图7.3-2）。

7.3.3 效益与前景

B村已实现家家户户雨污分离，所有生活污水全部进管网，终端

图 7.3-2　示范工程照片

建立微动力污水处理池，根治生活污水源。水资源循环利用的经济效益可体现循环利用减少的新鲜水取用量而节省的水费，以及为减少污染散排和农业面源污染而节省的水环境治理费用。本项目的实施可集中收纳生活污水、减少污染、改善环境，具有一定的环境效益与生态效益。

7.4　海南省农村营利性设施与产业融合反哺非营利设施模式

7.4.1　项目概况

海南省D镇贫困户共79户343人，其中F村含贫困户51户、贫困人口223人，占D镇贫困户总人口的65.01%，F村脱贫攻坚任务比较艰巨（图7.4-1）。

2020年国家资助200万元扶贫资金，进行脱贫攻坚战。研究团队扶贫小组深入F村摸底调查，发现该村冷库已建多年未用。为有效发挥F村已建冷库设施，经过充分调研，确定引进海南某农业开发有限公司食用菌项目,将海南某农业开发有限公司的生产条件、管理经验优势与专业合作社拥有的设施和国家资金结合,发展地方食用菌特色产业,打造特色农业品牌,既带动农民创业、就业、地方经济发展,提高农民经济收入,又实现企业技术成果尽快转化为生产力,以产业发展实现F村可持续发展。

图 7.4-1 海南 F 村概况

F村村民2018年成立的D镇新绿种养农民专业合作社情况、海南某农业开发有限公司情况如下:

① D镇新绿种养农民专业合作社:成立于2018年7月4日,经营范围包括:农业种养,圣女果种植、畜牧养殖;农产品自产自销、代购代销及保鲜、加工,运输,贮藏,提供农业技术信息服务;农家乐及家庭农场经营。

② 海南某农业开发有限公司:成立于2015年9月2日,经营范围包括农业技术开发,生物技术开发,农业技术服务与咨询,农业技术推广,农业种植,农产品销售,农副产品开发与销售,农业物资开发与销售,实验室试剂耗材、实验室仪器、设备销售,农业设备开发、销售、安装服务,互联网技术开发与服务。

7.4.2 技术应用

结合国家扶贫资金要求和F村民情况,研究团队基于研究成果,结合现有政策制度，就如何利用政府拨付的扶贫资金和企业协作、资金监管、本金收回、收益分配和风险防范等方面，给出建议，并被写入三方（D镇政府、海南某农业开发有限公司、D镇新绿种养农民专业合作社）合作协议中。

F村农村集体经济以D镇新绿种养农民专业合作社形式同海南某农业开发有限公司合作，F村农村集体经济以国家资助的200万扶贫资金和已建冷库设施入股的方式与海南某农业开发有限公司合作，共同建设集体经济食用菌栽培基地（图7.4-2），采用"农民专业合作社+农村集体经济+民营企业"合作的基础设施与产业融合的投融资建设运营模式，其中政府起到监管作用（图7.4-3），其主要特色为：

① 营利性设施（冷库）租赁给开发公司使用

F村集体经济委托专业合作社将已有的营利性设施冷库租赁给海南某农业开发公司，用于经营食用菌种植项目，开发公司负责冷库的运营和维护，期限8年；

② F村集体经济以专业合作社名义将国拨200万扶贫资金有偿注资到农业开发公司，用于经营食用菌种植项目；

③ 8年内冷库租赁和国拨200万扶贫资金的每年有偿使用费为国拨资金的8%，也即农业开发公司每年返还专业合作社国拨资金的8%；

④ 农业开发公司的食用菌项目优先聘用本村村民，并按市场付工资；

⑤ 农业开发公司前四年每年按200万的8%返还专业合作社，第四年返回本金40万元，以后每年返还本金40万元，直至第8年；

⑥ D镇政府负责对国拨资金和集体资产（冷库）的使用起监督作用；

⑦ 其他设施如供排水、公路由政府和集体经济负责运营维护建设。

第 7 章 技术应用案例

图 7.4-2 D 镇食用菌基地
来源：调研小组拍摄

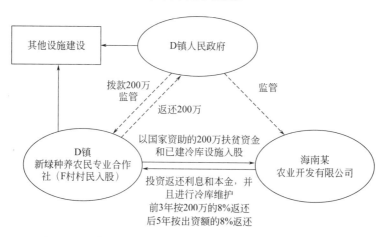

图 7.4-3 营利性设施与产业融合反哺非营利设施的投融资模式

7.4.3 效益与前景

2019 年在乡村振兴工作队的强劲注入下，强化基层党建工作，对症施治，发展食用菌集体经济产业，村集体收入、村民人均收入均实现大幅增加。同时，村庄环境也逐步改善、村民喝上了自来水。2020 全村 467 户建档立卡贫困户 2116 人全部脱贫，脱贫率 100%，贫困户人均年收入达 10759 元。

7.5 海南省农村营利性基础设施新型投融资建设模式

7.5.1 项目概况

海南省农村经过持续不断的建设，在道路交通、厕所革命、农村生活垃圾收运、饮用水、污水处理等基础设施建设方面已经取得了较好的成就。研究团队对海南省4镇、6个村进行了镇政府、村委会座谈以及实地入村调研，发现部分村庄未通自来水，水质不能得到检测；排水设施依然缺乏，污水无序乱排；卫生医疗设施简陋，不能满足群众的看病与卫生需求等问题（图7.5-1），距离实现基础设施建设现代化目标还有很大的差距。

研究团队以缺少污水处理设施的海南省A镇下辖建制村A村为例，拟采用新型投融资和建设模式（PPP+EPCOT）建设营利性基础设施污水处理厂。海南省A镇A村常住人口2414人，立足于海南省农村生态宜居的建设目标，满足A村污水治理需求，由专业机构评估项目、制定方案。其中，农村人均污水排放量40L/人·d，则A村污水处理规模约为100m³/d，整个建设项目总投资约为1000万元，基准投资回报率为6%，由海口市水务局牵头招标组织实施，确定社会资本与村集体。

图 7.5-1　水塔、道路、卫生室

7.5.2　技术应用

（1）资金筹措

按照固定资产投资项目资本金投资比例规定，再加上现行市场融资情况以及该项目规模，项目资本金定为项目建设投资的30%为300万元,需融资资金700万元。项目资本金由社会资本方和村集体以自有资金出资,由6.3博弈分析结果可知,村集体的参与会增加社会资本的积极性,但出资比例不应过高,村集体的出资比例为30%或10%时社会资本的策略选择仍趋近于参加,考虑到村集体收入的有限性与投资的谨慎性,村集体的出资比例可以为10%即100万元,则社会资本出资20%即200万元,其余资金700万元通过银行贷款的方式解决。

(2)社会资本参与、村集体合作的可行性

根据2022年5月税务总局出台的《支持乡村振兴税费优惠政策指引》对农村饮水安全工程新建项目投资经营所得企业所得税"三免三减半"的政策优惠。对投资该项目的社会资本来说,还同时享受海南省按15%征收企业所得税的优惠,与投资其他项目或投资其他地区来说,收益增加。由于社会资本的逐利性,其参与的积极性会不断增加。

通过对海南村民的走访调研可知,目前村民每年的闲置资金一般选择存储在银行,通过查阅各大商业银行可知,一年存款的利率大概约为2%,三年的约为3.6%,均低于投资污水处理厂6%的基准投资回报率,对比分析A村村民愿意参与进来。同时,由海口市人民政府公布的数据,A村推进产业振兴投产建设1000亩黎药园,预计年收入可达600万元,从资金拥有量上来看,对于100万元出资比例,A村同样具有出资能力。

(3)运作及建设模式

项目采用PPP+EPCOT建养一体化融资模式。社会资本和村集体合资组建项目公司,由项目公司负责污水处理设施的投融资建设,建设完成后,项目公司运营并负责后期的维护。中标的社会资本与村集体拥有项目公司100%的股权,政府方不参与项目公司的组建,不承担项目融资的责任,项目经营期满移交回政府。

另外，污水处理工程是以用户付费为主要收入来源的工程，在用户付费无法完全满足项目投资收益时，采用"政府可行性缺口补贴模式"，即政府以补贴、贴息贷款等形式补齐项目公司的投资收益缺口，保证项目公司的正常盈利，融资模式如图7.5-2所示。

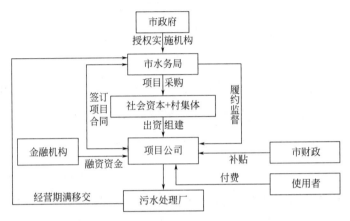

图 7.5-2　PPP+EPCOT 建养一体化融资模式

7.5.3　效益与前景

本项目中社会资本与村集体组建项目公司进行建养一体化融资，首先缓解了政府的财政压力，实现了社会资本与农民的利益联结，形成了稳定利益共同体，共享发展成果；同时，用工程总承包建设运营一体化的建造模式，解决了基础设施设计与施工衔接困难的问题；避免了现在农村基础设施有人建无人管，后期无资金投入、缺乏日常维护，影响正常使用的现状，极大地保障了农村基础设施建设后的正常运作，为农村建设营利性基础设施提供了依据。

7.6　江西省农村古建活化利用的区域整体开发模式

7.6.1　项目概况

江西省金溪县位于江西东部、抚河中游，全县国土总面积

1358km^2,拥有丰富的古建筑资源,被称"一座没有围墙的古村落博物馆",共有128个格局完整的古村落,保存明清古建筑多达11633栋,其中蕴含了深刻的文明和文化价值。

按照保护价值和现状,金溪县的128个古村落分为三类:一类为抢救性维修,确保古村落"不漏、不倒、不乱、不脏、不丢、不暗";另一类为申请遗产,以严格的甚至苛责的方式来进行保护;第三类为可活化利用。如此数量巨大的古村古建,对其维护需要大量的资金。在资金有限的情况下,以保护为主、抢救为先,优先保证不倒、不漏,按照红色历史遗迹、国家级保护文物、省级保护文物、普通明清古建筑类别进行分类修缮。对于红色遗迹和省保、国保,进行还原修缮,花费较高,通常为100万元~300万元每栋;对于一般的明清古建筑,前期主要进行抢救性保护,差不多每栋10万元。古村古建的保护和修缮价格昂贵,大多数村民没有能力而且也不愿意维修,造成一开始只是一小块房顶漏水,或者一面墙倒塌,后来就会演变成整栋古村古建的倒塌。

目前,资金主要来自三方面:政府财政资金、三保资金(市级文物保护单位、省级文物保护单位、国家级文物保护单位)和个人资金,此外还有一些少量奖励性资金。最大的资金来源是上级的文物保护资金,2013年以来,金溪县共计争取到上级传统古村落保护资金7800万元,县财政配套1250万元,首先对红色文化历史村如竹桥村和后龚村进行了保护开发(图7.6-1和图7.6-2);自2015年至今,政府每年对各个乡镇私人老房子有一些奖励性补助,一年约有二三十户,每户3000~5000元,总计十几万元。政府和个人资金远远无法满足古村古建保护的需要,急需更多资本加入。

近年来,县政府紧紧抓住"三农"政策和乡村振兴战略,在国家政策和资金支持下从"救老屋,整环境",抢救修缮珍贵古建筑,做

图 7.6-1 竹桥村落修缮前后对比
来源：调研小组2021年7月13日拍摄

图 7.6-2 红色后龚村历史古村落修缮一隅
来源：调研小组2021年7月13日拍摄

到"不漏、不倒、不乱、不丢、不脏、不暗"的古村落保护模式到"修老屋，美环境，市场化"初始活化模式，从"孕产业，传文化"的古村落旅游活化模式到"扬红色历史、促旅游发展"的活化模式。期间，修复保护了陆坊、蒲塘、岐山等21个古村古建和古村落环境，重整还原了竹桥村、后龚村等红色历史遗迹；引入企业资本，创新融合异域风情于中国传统农耕文化，打造了"大坊荷兰创意村"（图7.6-3）。目前2个古村入选"国保"单位，8个古村成为中国历史文化名镇（名村），42个古村进入中国传统村落名录，居江西省第一。

尽管县政府一直将古村保护与新农村建设、乡村振兴等工作紧密结合，不断推动文化旅游产业融合发展，但因古建筑数量太多，且历

图7.6-3 大坊荷兰创意村全景图
来源：县文旅投公司提供

史久远，再加上城镇化加快等客观因素，空心村逐渐增多，部分古村落处于荒废状态（图7.6-4），部分古村落古屋破败速度远超过修复速度，古屋以每年2%的速度递减。其主要原因修缮维护资金不足、经营保护模式单一。但以古村落外部环境设施提升来说，就需要大量资金，如2018年以来，金溪县共整合新农村建设资金1.34亿元，农村公路改造资金4亿元，农村污水处理资金3000万元，贫困村环境整治资金9800万元，虽然提升改造了部分传统村落的部分基础设施与外围环境，但这只是古村落环境的一部分，缺少资金对古村内户与户的道路、

图7.6-4 村民生活的古屋和闲置古屋
来源：调研小组2021年7月13日拍摄

古屋内的给水排水如厕所等生活设施给予改建和修建（图7.6-5）。为保护大量承载历史文化的古村落和实现乡村振兴，金溪县亟须拓展社会资本。2021年1月，中景恒基投资集团与金溪县人民政府签约，合力对该县7个闲置古村落进行保护性建设、开发、运营。

本课题组在中景恒基投资集团的帮助下，对金溪县部分古村落设施进行了调研。

图 7.6-5　部分古村落户与户道路及给水排水现状
来源：调研小组2021年7月13日拍摄

7.6.2　技术应用

基于金溪县古村落现状和发展需求，根据国家乡村振兴战略和相关金融政策，结合研究团队和对古村落基础设施的调研情况，提出以下建议：

（1）古村落统一托管或征收（用），不改变基本用途，区域项目模式开发融资

古村古屋的所有权属于农民个人，古村的其他设施属于政府。为实现区域整片开发，首先要完成古屋所有权和经营权的明晰，将私有的所有权从个人转移、收储到政府或政府委托的国有公司，如文旅投公司，之后通过资产吸引社会资本投资（图7.6-6），和古村其他设施一起进行区域开发。

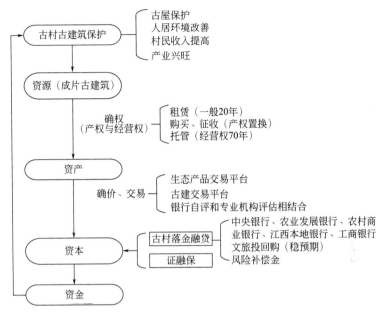

图 7.6-6 古村落统一托管，区域项目模式开发融资
来源：作者编制

（2）创新政府和社会资本合作模式

金溪县古村落活化利用经历了1.0、2.0和3.0的政府投入、购买服务模式，到4.0以古村落的旅游收入反哺古村古屋保护模式的探索，至今政府旅游收入与古村保护仍存在巨大缺口，作为国企的文旅投公司债务较大，不足以支持本县古村古屋可持续发展。因此，建议政府和具有丰富的古村落古建保护、经营经验的社会资本合作，采取PPP模式，并让社会资本投资可预期、有回报、能持续；鼓励社会资本探索通过股权转让、资产证券化等投融资方式，加大投贷联动投融资模式的应用，盘活项目存量资产，丰富社会资本进入退出渠道。

（3）古村落古屋、基础设施和高标准农田等产业融合全合同期一体化建设运营管理

调研过程中，发现金溪县古村落等周围分布农田，根据国家相关

政策，支持有实力的社会资本在符合法律法规和相关规划、尊重农民意愿的前提下，因地制宜、稳妥有序探索区域整体开发模式，统筹乡村基础设施和公共服务建设、高标准农田建设、产业融合发展等进行整体化投资，实现社会资本与农户互惠共赢。因此，建议金溪县政府统筹古村落和农田建设及其他产业发展委托或参股有实力的企业进行融资建设运营整体开发（PPP+IEPCOT），投融资建设运营模式见图7.6–7。

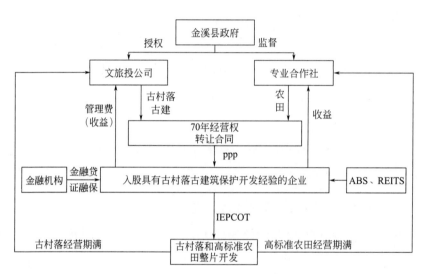

图7.6-7　古村落古屋、基础设施和高标准农田等产业融合全合同期一体化建设运营管理
来源：作者编制

7.6.3　效益与前景

古村落统一委托代管或征收（用），和高标准农田等产业融合全合同期一体化建设运营管理，区域项目开发融资，是古村落基础设施和保护投融资建设的创新模式，为农村基础设施、人居环境的完善与提升提供了新思路，为当地农业农村发展提供区域性、系统性的解决方案，可有效带动农村人居环境和生态环境显著改善、农民收入持续提升和农民经济的发展，实现社会资本与农户互惠共赢；同时也是政府

和社会资本合作的一种创新模式，盘活存量资产，丰富资本渠道，促进金溪县古村落实现其"农产品的生产功能、生态环境的保护功能和农耕社会的文化功能"三大核心功能。

① 社会资本与政府的合作，使古村落保护和古村落设施建设与管理主体更加多元化，既缓解了政府的财政压力，又提升了基础设施的建设效益和农业农村发展水平；社会资本在拓展企业的投资市场同时，保护了中国古村落和古村所承载的中国文化；社会资本和农民集体经济组织、合作社建立稳定合作关系，实现了农民和社会资本利益共赢，提升了农民的幸福获得感，实现乡村振兴目的。

② 古屋、古村落设施和农业产业融合的区域整片融资开发，以产业、工作引进人，发展农产品及副产业，提高地区产值，拉动地区消费，促进当地经济发展。

③ 古屋、古村落设施和高标准农田产业融合的区域整片融资开发，可有效提升农村的"宜居性"，使当地生存环境更加优化，表现为垃圾无害化处理率、生活污水覆盖率、清洁能源使用率的提升等，有效改善人居环境和生态环境，对人与自然生态系统、资源、环境协调发展起到积极作用，以环境留住人。

④ 农村资源古村落设施和高标准农田建设的不断盘活，使农民收入、农业经济得到提升和发展，表现为生活、教育、医疗、文化、养老等方面的不断提升，实现农村"留住乡愁、传承文化"的重要核心价值，同时可吸引向往田野生活的人士回流农村。

参考文献

1　2022.6.27.中共中央宣传部举行新时代的乡村振兴新闻发布会 http：//www.scio.gov.cn/xwfbh/xwbfbh/wqfbh/47673/48415/index.htm

2　2022.9.28.国家发展改革委举行新闻发布会介绍《乡村振兴战略规划（2018—2022年）》实施进展情况 https：//www.ndrc.gov.cn/xwdt/xwfb/202209/t20220928_1337507.html?code=&state=123

3　王景新．中国共产党百年乡村建设的历史脉络和阶段特征［J］．中国经济史研究．2021（4）：13-25.

4　唐任伍，唐堂，李楚翘．中国共产党成立100年来乡村发展的演进进程、理论逻辑与实践价值［J］．改革．2021（6）：27-37.

5　焦燕，贾子玉．我国绿色宜居村镇的内涵与发展趋势研究［J］．小城镇建设．2021，39（8）：5-17.

6　清华大学建筑节能研究中心．中国建筑节能2020年度发展研究报告［M］．北京：中国建筑工业出版社，2020.

7　国家统计局农村社会经济调查司．中国农村统计年鉴2020［M］．北京：中国统计出版社，2020.

8　http：//www.tuanjiewang.cn/2022-07-30/content_8937441.htm.

9　https：//www.chyxx.com/industry/202102/928737.html.

10　刘强，王学江，陈玲．中国村镇水环境治理研究现状探讨［J］．中国发展，2008，8（2）：15-18.

11　中华人民共和国住房和城乡建设部．城乡建设统计年鉴［DB/OL］．［2020-03-27］．（2020-04-13）．http：//www.mohurd.gov.cn/xytj/tjzljsxytjgb/.

12　龚孟梨．关于垂直取水工程的研究进展［J］．山西水利科技，2018，（4）：80-82.

13　潘亨禹．饮水工程取水设计中存在的问题及改进措施［J］．黑龙江水利科技，2013，41（5）：233-234.

14　叶成明，李小杰，刘迎娟．浅层地下水取水工程综述［J］．探矿工程-岩土钻掘工程，2011，38（6）：29-32.

15　邢义．渗渠取水应用研究［J］．科技信息，2009（8）：285-286.

16 梅旭荣，朱昌雄，等. 典型村镇饮用水安全保障适用技术［M］. 北京：中国建筑工业出版社，2016.

17 叶成明，李小杰，刘迎娟. 浅层地下水取水工程综述［J］. 探矿工程（岩土钻掘工程），2011，38（6）：29-32.

18 苏都都. 浅谈山区河床浅层地下水取水方式选择［J］. 水利规划与设计，2019（1）：61-63+67+76.

19 梁雪坷. 大口井在山区引水工程中的应用［J］. 东北水利水电，2016（5）：9-11.

20 王玮，畅俊斌，王俊杰. 黄河峡谷岸边渗流井取水方式合理开采量计算［J］. 人民黄河，2010，32（9）：44-45.

21 许震. 皖南山区典型取水工程工艺设计简介［J］. 工程建设与设计，2017（17）：115-117.

22 何锦. 水平井开采条件下浅层地下咸水水盐运移规律与开发利用研究［D］. 吉林大学，2021.

23 宋涛，李跃军，冯创业，郝兴华. 水平井取水在滨海沙滩区域的实践和结论分析［C］//. 第十八届全国探矿工程（岩土钻掘工程）技术学术交流年会论文集，2015：399-405.

24 沈晓伟. 村镇供水系统输配水管网适用设计方法的研究［D］. 湖南大学，2012.

25 杨冰. 城乡统筹供水系统模式分析与建设方案选择研究［D］. 浙江大学，2016.

26 梅旭荣，朱昌雄. 典型村镇饮用水安全保障适用技术［M］. 北京：中国建筑工业出版社，2018.

27 北京市市政工程研究总院. 给水设施与水质处理［M］. 北京：中国建筑工业出版社，2010.

28 生态环境部. 中国生态环境状况公报［DB/OL］.［2022-05-26］.（2022-09-13）.P020220608338202870777.pdf（mee.gov.cn）.

29 龚正，于琦，汪娴，史俊，邓慧萍. 西北地区地下水污染现状及风险调查［J］. 净水技术，2022，41（3）：118-133.

30 尚晓玲. 农村生活污水治理模式浅析［J］. 建材与装饰，2019，（12）：157-158.

31 周文理，柳蒙蒙，柴玉峰，等. 我国村镇生活污水治理技术标准体系构建的探讨［J］．给水排水，2018，44（2）：9-14．

32　王晓昌，袁红林，陈荣，等．小城镇水污染控制与治理技术［M］．北京：中国建筑工业出版社，2016．

33　中华人民共和国住房和城乡建设部．不同区域农村生活污水处理技术指南［EB/OL］．［2010-09-21］．

34　王敏晰，马宇，刘威，等．生态文明建设与资源循环利用耦合关系［J］．资源科学，2021，43（3）：577-587．

35　胡洪营，石磊，许春华，等．区域水资源介循环利用模式：概念·结构·特征［J］．环境科学研究，2015，28（6）：839-847．

36　周囧，罗海江，孙聪，等．中国农村饮用水水源地水质状况研究［J］．中国环境监测，2020，36（6）：89-94．

37　曲久辉．东部河网地区农村供排水一体化技术及应用［J］．中国环境管理，2017，9（3）：112，114．

38　江苏省统计局．江苏统计年鉴-2021［DB/OL］．［2021-10］．（2022-11-03）．http：//tj.jiangsu.gov.cn/col/col86293/index.html．

39　甘肃省统计局．2021统计年鉴［DB/OL］．［2021-10］．（2022-11-03）．http：//tjj.gansu.gov.cn/tjj/c109464/info_disp.shtml．

40　甘肃省生态环境局．2021年甘肃省生态环境状况公报［DB/OL］．［2022-06-13］．（2022-11-03）．http：//sthj.gansu.gov.cn/sthj/c114873/202206/2060986.shtml．

41　管立杰．农村基础设施PPP模式中利益相关者的冲突与协调研究［D］．山东：山东农业大学，2020．

42　中国经济网．统计局：２０２１年末全国常住人口城镇化率为64.72%，比上年末提高0.83个百分点［EB/OL］．http：//finance.china.com.cn/roll/20220228/5753534.shtml．2022-02-28．

43　盛骤，谢式千，潘承毅．概率论与数理统计：第3版［M］．北京：高等教育出版社，2001：56-61．

44　中华人民共和国农业农村部．关于印发《关于扩大当前农业农村基础设施建设投资的工作方案》的通知［EB/OL］．http：//www.moa.gov.cn/govpublic/CWS/202210/t20221025_6413941.htm．2022-10-25/2022-11-16．

45　中华人民共和国农业农村部．中共中央 国务院关于实施乡村振兴战略的意见［EB/OL］．http：//www.moa.gov.cn/ztzl/jj2022zyyhwj/yhwjhg_29034/201902/

t20190220_6172168.htm. 2018-02-05/2022-11-16.

46　中华人民共和国农业农村部．社会资本投资农业农村指引（2022年）［EB/OL］．http：//www.moa.gov.cn/govpublic/CWS/202205/t20220516_6399367.htm. 2022-04-02/2022-11-16.

47　中华人民共和国农业农村部．农村人居环境整治提升五年行动方案（2021—2025年）［EB/OL］．http：//www.moa.gov.cn/gk/zcfg/qnhnzc/202112/t20211207_6383987.htm. 2021-12-07/2022-11-16.

48　国家乡村振兴局．支持乡村振兴税费优惠政策指引［EB/OL］．http：//www.nrra.gov.cn/art/2022/5/23/art_46_195242.html. 2022-05-23/2022-11-16.

49　国家乡村振兴局．中央网信办等五部门印发《2022年数字乡村发展工作要点》［EB/OL］．http：//www.nrra.gov.cn/art/2022/4/27/art_46_194990.html. 2022-04-27/2022-11-16.

50　国家乡村振兴局．关于印发《农村公路扩投资稳就业更好服务乡村振兴实施方案》的通知［EB/OL］．http：//www.nrra.gov.cn/art/2022/8/16/art_46_196247.html. 2022-08-16/2022-11-16.

51　中华人民共和国农业农村部．关于印发《关于扩大当前农业农村基础设施建设投资的工作方案》的通知［EB/OL］．http：//www.moa.gov.cn/govpublic/CWS/202210/t20221025_6413941.htm. 2022-10-25/2022-11-16.